古事記と王権の呪術

古川順弘
Furukawa Nobuhiro

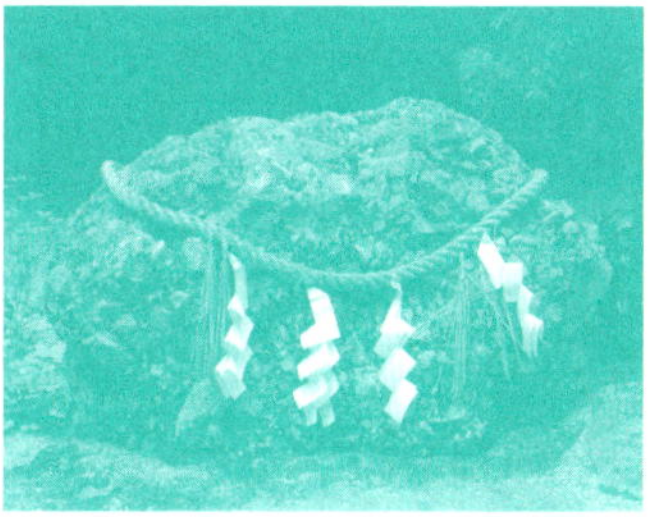

コスモス・ライブラリー

古事記と王権の呪術　目次

火を切る――継承の呪術　129

珠を操る――隼人の呪力　143

はじめに――古代呪術の宝庫としての『古事記』

『古事記』が日本現存最古の史書であり、古典文学であることは言うまでもないが、同時に、この書は、日本の古代信仰、あるいは古代呪術の資料の宝庫であり、また民俗学のソースとしての側面も持ちあわせている。

たとえば、大国主神《おおくにぬしのかみ》の国譲りの場面で、事代主神《ことしろぬしのかみ》は、高天原からやって来た建御雷神《たけみかづちのかみ》に「この国は天《あま》つ神《かみ》に差し上げましょう」と言うや、船を傾け、「天《あめ》の逆手《さかて》」を拍《う》って船を青葉の柴垣に変え、その中に隠れてしまう。このなかに出てくる「天の逆手を拍つ」という動作については、「手のひらを翻して甲同士を拍つ」「手のひらを交叉させて、通常とは上下左右を逆にして拍つ」「両手を後ろに回して拍つ」など、種々に解釈されるが、要するに特殊な柏手のことを指し、古代の呪術の一種であろうといわれている。

また、倭建命《やまとたけるのみこと》は敵を残虐なまでに八つ裂きにするが、これは死体を切り刻んで怨霊を封じるという古代呪術の一種を反映しているとみる意見もある。

このように、『古事記』には、古来、日本人が実践してきた多様な呪術、あるいはそれを基盤に成立した祭祀が描写されている。それは、『古事記』にやや遅れて成立した『日本書紀』についても同様である。


だが、『古事記』や『日本書紀』に描き出された古代呪術を深く読み解こうとしてゆくと、それらを、古代人のコスモロジーに密着した素朴な「まじない」と解し、いたずらにロマンを抱こうとする志向に、抵抗をおぼえるようになる。

そうした呪術というのは、たとえば「禊《みそぎ》」であり、たとえば「祓《はらえ》」である。

もっと言えば、それらは、ある明確な意図をもって神話に記述されているのではないかとも思えてくるのである。具体的に言うと、朝廷によって編纂された神話に描かれた主要な呪術は、じつは、直接の目的とはしていないようにみえながら、王権祭祀の醸成と伝承という役割を担わされていたのではないか——という考えが浮かんでくるのである。

本書は、そのような観点から、おもに『古事記』の記述を例に挙げながら、神話と、古代呪術と、王権祭祀との関連に対する考察を、試みたものである。

なお、「呪術」という語は、さまざまに定義されうるが、本書では、「超自然的な存在にはたらきかけて、望ましい現象を起こそうとする行為」と広くとらえ、なかば「祭祀」と同義に解する場合もある。つまり、神マツリの祭祀の淵源に呪術があり、また神の降臨を願う祭祀には呪術的要素が含まれている、という見方である。

白川静『字通』によれば、「呪」の字の元字は「祝」で、祝は、神を祀る祭卓を表す「示」と、神へのメッセージを入れる器を奉じて神に祈る男性シャーマンの象形である「兄」からなる。古代中国では、男性シャーマンを「祝」といった。

すなわち、「呪」の原義は「神に祈る」であろう。

なお、『古事記』の訓読文表記は、西宮一民校注『新潮日本古典集成・古事記』(一九七九年)に準拠した。また、本書執筆の機会を与えて下さったコスモス・ライブラリー大野純一社主にこの場を借りてお礼申し上げます。

柱を立てる——天の御柱をめぐって

その嶋に天降《あまくだ》りまして、天《あめ》の御《み》柱《はしら》を見立て、八尋殿《やひろどの》を見立てたまひき。

＊＊＊

日本語では、古来、神を数えるとき、「一柱、二柱、三柱……」というように「柱」という単位を用いる。

『古事記』も上巻の本文は「天地初めて発《おこ》りし時に、高天原《たかまのはら》に成りませる神の名は、天之御《あめのみ》中主神《なかぬしのかみ》、次に、高御産巣日神《たかみむすひのかみ》、神産巣日神《かむむすひのかみ》。この三柱の神は、みな独神《ひとりがみ》と成りまして、身を隠したまひき」という文ではじまっている。

ではなぜ、「柱」が神の助数詞に用いられるのか。

それは、古来、日本では神霊は木に宿ると信じられていたからだ――というような説明がなされることが多い。

しかし、神霊がたんに「木に宿る」というのなら、あえて「柱」にこだわらず、「一本、二本、三本」という具合に数えてもよさそうなものだ。

あらためて、なぜ「柱」が神の助数詞に用いられるのか。

柱は、横たわっているままでは柱にはならない。それはただの木である。何かを支えるために地面の上に立たなければ、柱にはならない。

このあたりに、古代人の信仰の基層を探るヒントがありそうである。

オノゴロ島に立てられた「天の御柱」

『古事記』上巻の冒頭は、天地開闢における神世七代の出現を記すと、つぎは伊耶那岐命《いざなきのみこと》・伊耶那美命《いざなみのみこと》の国土作りと結婚に場面を移す。

伊耶那岐命・伊耶那美命の二柱は天の浮橋に立つと、そこから天の沼矛《ぬぼこ》を指し下ろして海水を掻き回す。そして矛を引き上げると、矛先から塩がしたたり落ち、それが積み重なって島ができた。これが淤能碁呂嶋《おのごろしま》である。

オノゴロとは不思議な言葉の響きだが、「おのずから凝り固まった」の意だといわれる（『新潮日本古典集成・古事記』の校注者による頭注）。この淤能碁呂嶋は、伊耶那岐命・伊耶那美命による国土の修理固成の拠点となる、聖なる島である。

そして、伊耶那岐命・伊耶那美命の二神は、この島に天降り、「天の御柱を見立て、八尋殿を見立てた」という。

「八尋殿」とは、「広大な殿舎」の意である。

ここでの「見立てる」は、前出の頭注によれば、「天の御柱」や「八尋殿」に適当な木をよく見て選び、それを立てることだという。「見立て」については、この他に、「見立とは、天なる御柱に擬えて立て給る柱なる故に云り」（平田篤胤『古史伝』）、「みたてると言ふことは、柱にみなして立てる、と言ふ意である」（折口信夫「神道に現れた民族論理」）などといった解釈があるが、いずれにしても、大きくは「立てる」という意味にとってまずまちがいはなさそうである。

要するに、伊耶那岐命・伊耶那美命は淤能碁呂嶋に天降り、まず天の御柱を立て、さらに八尋殿を立てたわけである。また、天の御柱と八尋殿は別個のものであると通説ではみなされていることを、付記しておこう。

そして、後段では、伊耶那岐命と伊耶那美命は、天の御柱を互いにめぐって、「みとのまぐわい」をして、子や島を次々に生んでゆくのである。

ちなみに、『日本書紀』本文では、島に柱を立てるのではなく、「オノゴロ嶋を国中《くになか》の柱《みはしら》とし」たとあり、また第一の一書《あるふみ》では、オノゴロ嶋に「八尋之殿」と「天柱」を見立てた、とある。

また、平安時代初期に物部氏系の人物によって編纂されたと考えられている『先代旧事本紀《せんだいくじほんぎ》』には、「則ち天の瓊矛を以て磤馭盧島《おのごろしま》の上に指し立て、以て国中の天柱と為す也」（巻第一「陰陽本紀」）とあり、その後イザナキ・イザナミの二神は島に天降り、八尋殿を「化竪《みたて》」る。

つまり、島の上に矛を立てて「国中の天柱」とし、さらにそれを柱として殿舎を建てたと解しうる。これは『古事記』と『日本書紀』本文を折衷させたような記述である。

大国主神と宮柱

それでは、「天の御柱」とは何だろうか。そして、「天の御柱を立てる」という動作には、

天の浮橋に立ったイザナキ・イザナミが矛を海にさし下して回すと、オノゴロ島が生じた。小林永濯「天瓊矛を以て滄海を探るの図」（明治時代中頃）。

どんな神話的意味が示唆されているのだろうか。

まず、「柱」というモチーフに注目してみると、『古事記』神話には、淤能碁呂嶋の場面の他にも、幾度となく柱が重要な場面で登場する。

たとえば、須佐之男命《すさのおのみこと》がいる根の国でさまざまな試練を受けてそれを克服した大穴牟遅神《おおなむじのかみ》は、須佐之男命から「おまえは大国主神となり、我が娘須世利毘売《すせりびめ》を妻に迎え、宇迦山《うかのやま》の麓の、大地の岩盤にしっかりと宮柱を立て（底つ石根《いはね》に宮柱ふとしり）、高天原《たかまのはら》に千木《ちぎ》を高く上げて、住め」と告げられる。

この後、根の国から、人間世界である葦原中国《あしはらのなかつくに》へと帰還した大国主神（大穴牟遅神）は国作りをすすめるが、天つ神に国譲りを迫られる段になると、天つ神の使者たる建御雷神《たけみかづちのかみ》に対してこう宣する。

この葦原中国は、命《みこと》のまにまにすでに献《たてまつ》らむ。ただあが住所《すみか》のみは、天つ神の御子の天つ日継《ひつぎ》知らしめすとだる天の御巣《みす》のごとくして、底つ石根《いはね》に宮柱ふとしり、高天原に氷木《ひぎ》たかしりて、治めたまはば、あは百足《ももた》らず八十隈手《やそくまで》に隠《こも》りて侍らむ。

（この葦原中国は、仰せのとおり献上いたします。ただ、私の住みかを、天照大御神《あまてらすおおみかみ》の子孫が継承される立派なお住まいのように、大地の岩盤にしっかりと宮柱を立て、高天原に千木を高く上げてお造り下さるなら、私は遠い隅の地に隠れ控えていましょう。）

そして、大国主神のこうした切なる願いによって建立された、宮柱のしっかりと立った神殿こそが、出雲大社のルーツであり、大社造りのオリジナルであると伝えられているわけだ。

また、『古事記』においてはむろんのこと、神を数えるのに、「一柱、二柱、三柱……」というように「柱」が助数詞として用いられているのは、すでに記したとおりである。

まずこうした記紀の叙述からは、「柱」がたんに建物を支える重要な用材としてのみみなされていたわけではなく、それ以前に、古代人が、大地に深く根ざして屹立する柱そのものに神性をみとめ神聖視していた、ということがうかがえるはずだ。広い意味では御神木に含められる柱を神の依り代とみるのは、神道の伝統的な考え方でもある。それは、言うなれば、「神柱信仰」と呼べるだろう。

縄文遺跡にみる神柱信仰

「神柱信仰」の始原は、どこまでさかのぼることできるだろうか。

縄文時代の神柱信仰の痕跡としてしばしば候補に挙げられるのは、青森県の三内丸山《さんないまるやま》遺跡で発掘された巨大木柱列跡である。

青森市郊外の三内丸山遺跡は、縄文時代中期（今から約五五〇〇～四〇〇〇年前）を中心とする大型集落跡で、すでに江戸時代からその存在が知られ、昭和戦後になってから本格的な調査発掘がはじまった。画期となったのは平成四～六年（一九九二～一九九四）の調査で、巨大な集落跡が姿を現し、とくに巨大な柱穴が検出されたことが当時の報道でも大きく取り上げられた。

柱穴は直径二メートル、深さ約二メートル、それが四・二メートルの等間隔で三つ×二列、計六つ並んで長方形型をなし、柱穴には直径一メートルのクリの木が残されていた。

柱穴の大きさから、ここにあった建物（掘立柱建物）は高さ十メートル以上と推定された。これまでの通説を覆し、縄文人が高度な建築技術を駆使していたことが、判明したのである。

現在、遺跡には、六本の巨木と三層の高床を組み合わせた物見櫓のような建物が復元されているが、もちろんこれは想像上のものである。居住地区跡内ではなく、非居住地区に存在するこの大型掘立柱建物については、物見櫓とする説のほかに、倉庫とする説、灯台とする説、そして祭祀場とみる説がある。

また、大型掘立柱建物の周囲にある盛土からは、板状の十字型をした大量の土偶が出土しており、これらは祭祀や呪術に用いられていたとみられている。このことは、大型掘立柱建物＝祭祀場説を補強するものではないだろうか。

しかし、もし巨大な柱穴跡を〈神柱信仰〉の素朴な痕跡とみなすならば、「大型建物」などはなく、まるでイギリスのストーンヘンジのように、ただ巨大な柱が天に向かって並び立っているだけの姿も想像できるのではないか。天に向かってそびえ立つ巨木に天空への畏敬のようなものが投影され、結びつき、その空間でマツリを行うことによって、縄文人の素朴な信仰が表現されていったのではないか。

そのようなアルカイックな神柱信仰の姿をよりリアルにイメージさせてくれる縄文遺跡がある。石川県能登町の真脇《まわき》遺跡である。

真脇遺跡は、富山湾に臨む小さな入り江の奥に所在する、北陸最大級の縄文時代遺跡（今から約六〇〇〇～二〇〇〇年前）だが、昭和五十七年（一九八二）以降の発掘調査でとくに注目を集めたのは、縄文晩期の地層から出土した巨大な柱の列、「環状木柱列」である。「柱穴」ではなく、穴に立てられた柱が出土したのだ。

柱穴は最大で直径が九〇センチ程度で、サークル状に並んで配置され、このなかに巨大なクリの木が柱として立てられていたのだ。それも、各柱は丸太状ではなく、かまぼこ状に縦に半分に割って中心の芯の部分を除き、丸い方をサークルの内側に向け、割ってあらわれた平面側を外側に向けるという、特異な配列をなしていた。

さらに特筆すべきなのは、サークルの中には炉や墓坑などが見つかっていないということ、つまりここが住居や墓ではなく、壁や屋根のようなものがあったとも考えられないことである。すなわち、ただ柱だけが立っていたとしか考えられないということだ。そこはストーンサークルならぬウッドサークルだったわけである。

しかも、ウッドサークルの柱は、同じ場所で何度も立て直されたとみられ、少なくとも六回は立て替えられた痕跡が認められるという。

真脇遺跡のウッドサークルが何のためにつくられた施設だったのかは明らかになっていないが、何らかの祭祀がここで行われていたのだろうというのが、有力な仮説である。ということは、縄文人にとって、ここは神柱信仰につながる聖地だったはずである。そして、立て替えが繰り返されたことを鑑みれば、柱がたんに神聖視されるにとどまらず、「柱を立てる」という行為そのものがその空間を聖地化する一種の呪術であり、依り代としての柱に神を招き、降臨させるマツリ儀礼の根幹だったと考えられるのではないか。

ちなみに、遺跡からは、イルカの骨と一種にトーテムポールのような彫刻を施した木柱が出土している。クリ材の丸太で、イルカ漁に関するマツリで用いられたのではないかと推測されている。

真脇と似たような縄文期の環状木柱列はこの他にも見つかっているが、場所は北陸地方に限られていて、現在のところその数は十六遺跡に及ぶという。

弥生時代の遺跡にも、柱穴や柱が出土しているものは数多くあるが、これらの柱は基本的には掘立柱式建物に用いられたものであり、神柱信仰の要素は希薄になっている。決して巨大な立柱が神聖視されなかったわけではあるまいが、柱よりは、その上に建てられる「神殿」という、神が鎮座するあるいは降臨する恒常性のある施設のほうが、祭祀の施設として重要視されるようになったとみるべきだろう。

出雲大社と諏訪大社にみる神柱信仰

平成十二年（二〇〇〇）、出雲大社の境内から驚くべき遺構が発掘された。三本の巨大な杉の丸太を束ねた柱と柱跡が次々に姿を現したのである。その遺構は鎌倉時代初期（十三世紀前半）のものと推定されたが、とにかくこれによって、かつて出雲大社の神殿が、直径三メートルの「心《しん》の御柱《みはしら》」（岩根の御柱）を中心として九本の巨柱によって支えられた、とてつもない高楼のような建物であったことが判明したのである。そして、境内地には、鎌倉時代をさかのぼる時代に存在した巨大神殿の遺構が、まだ眠っているとも考えられている。出雲の国譲りにみられるような「底つ石根に宮柱ふとしり、高天原に氷木たかしりて」（『古事記』）という記述が、現実味を増すことになったのである。

神柱信仰は、現代に残る古社にも色濃く見受けられる。

まず有名なのは、御柱祭《おんばしらまつり》の特殊神事で知られる諏訪大社であろう。

長野県の諏訪大社は、上社《かみしゃ》（本宮《ほんみや》・前宮《まえみや》）・下社《しもしゃ》（春宮・秋宮）の二社四宮からなるが、各社の四隅には巨大な柱が一本ずつ立つ。つまり各社ごとに四本の御柱が立っているわけで、高さは一之御柱が五丈五尺（約一六・七メートル）で、二之御柱以下は五丈。現在はモミの木が使われているが、かつてはツガ・サワラ・マツ・カラマツなども使用されていたという。諏訪の御柱については、神霊の依り代とする説の他に、四本立てることから、聖域を標示する一種の「標《しめ》」としての役割をみる説などがある。

この柱は申と寅の年に立て替えるのが古くからの慣わしになっていて、伐採や木落しを伴うその勇壮な神事が御柱祭である。

ところで、諏訪地方では諏訪大社の御柱は「大宮の御柱」と呼ばれているが、古くは諏訪大社の御柱は四本でなく一本だったとする説がある（上田正昭『私の日本古代史』新潮社、二〇一二年）。また、諏訪大社は拝殿はあっても本殿がないという古い神社の様式をとどめていることも注目される。古くは、神籬《ひもろぎ》に一本の柱を立て、それをご神体として拝していた時代があったと考えることもできそうである。

伊勢神宮の心御柱

伊勢神宮にも〈神柱信仰〉が見られるが、それを特徴づけるのは、「心御柱《しんのみはしら》」である。神明造《しんめいづくり》と呼ばれる伊勢神宮の神殿建築は高床式だが、部屋の中央に柱がなく、建物の両側

諏訪大社上社本宮の御柱。諏訪大社では、7年ごとに御柱祭が行われ、新しい御柱が境内の四方に建てられる。御柱はご神木であり、神が降臨するための依り代である。

外に棟持柱があるのが特徴となっている。棟持柱は、除かれた中央の柱の代わりに天井・屋根を支える役割をもつが、それだけでなく、このことによって、部屋の空間を広く使うことができるという利点も生じる。こうした神殿の建築様式は、九本柱が田の字形にならんで天井や屋根を支える出雲大社系の社殿（大社造）よりは、新しいスタイルであると考えられる。

ところが、興味深いことに、伊勢神宮の神殿は、殿内の中心には柱はないが、その床下には、小さな柱が立てられている。これが「心御柱」である。

心御柱は外宮・内宮のそれぞれの正宮正殿の床下に穴を掘って地中深くから立てられるで、外からは見えず、建物を支える実用性のあるものではない。つまり、きわめて象徴的な柱である。また、心御柱を神殿の床下に立てる儀式は「心御柱奉建」と呼ばれ、式年遷宮執り行われる一連の祭儀の中でも非常に重視されるもののひとつだが、深夜に行われるその秘儀の詳細については、古来神官たちの間でも口外が固く禁じられ、その実態は謎のベールに包まれている。

しかし、鎌倉時代に度会氏を中心とした外宮祠官によって編まれたとされる『豊受皇太神《とようけこうたいじん》御鎮座本紀《ごちんざほんぎ》』によると、心御柱とは、全長五尺（一・五メートル）、直径四寸（一二センチ）ほどのヒノキ製で、下部三尺は地下に埋められ、地上には二尺ほど出ているという。

この柱は、内宮の西側にそびえる鼓《つづみ》ヶ岳《がだけ》から伐り出した木によって作られるが、この木を伐り出す神事「木本祭《このもとさい》」は、足掛け八年に及ぶ式年遷宮の諸行事のなかで、二番目に執り行われるものだ。そして、祭神天照大神《あまてらすおおみかみ》の神霊を宿した御神体の八咫鏡を、新造された正宮正殿に遷しまつる「遷御」の一週間前に、「心御柱奉建」が執り行われる。つまり、心御柱が立てられなければ、新正殿は御神体を迎えることができないわけである。

さらに興味深いことに、平安時代初期に成立した『皇太神宮儀式帳《こうたいじんぐうぎしきちょう》』(八〇四年)には、遷宮の新たな社殿地の鎮めのための祭儀である鎮地祭(宮地鎮謝《みやちちんしゃ》)に続いて、「物忌《ものいみ》(忌こもって神事に携わった童女・童男)が宮地に穴を掘り、禰宜《ねぎ》と大物忌が心御柱(忌柱)を立てはじめ、諸役夫たちが柱を竪て奉る」と記されている。『延喜式』(九二七年)にも同様の記述がみられる。つまり、現在は心御柱奉建は遷御の直前に行われているが、元来は、鎮地祭に続いてすぐに行われていたのであり、「心御柱こそが正殿の計十本の宮柱および二本の棟持柱など社殿を支えるすべての宮柱に先行する文字通り遷宮造替の中心的な意味をもつ立柱であり、鎮地と心御柱奉建がワンセットで遷宮の基本であった」(新谷尚紀『伊勢神宮と三種の神器』講談社、二〇一三年)と考えられるのである。

心御柱に対しては、正殿の中心を定めるためのもの、あるいは天地・宇宙の中軸を象徴的に表したものだなどと、さまざまに論じられてきたが、これこそが、八咫鏡以前の、伊勢神宮の本来の御神体である、とする興味深い仮説もある。伊勢神宮の成立過程を探った、民俗学者、筑紫申真の『アマテラスの誕生』(角川書店、一九六二年)によると、心御柱のルーツについて、おおよそ次のような説明がなされている。

原始、日本では神は天から山の頂上に降ってくると信じられていた。伊勢でも、アマテラスの原型である太陽神は、一年のある時期に山上に降臨すると信じられていた。その際、人々は用意した樹木(ミアレ木)に神霊を憑りつかせ、その木を伐り出して祀り、神の出現を祝い、その神霊の地上での再生を祈った。つまり、心御柱とは、太陽神を憑りつかせるための「依り代」である。後に銅鏡が日本に伝来し、その形や輝きから太陽のシンボルとみられるようになると、木=心御柱に鏡がかけられ、鏡が木そのもの以上に神霊の憑りつくものとして重んじられるようになり、やがて「御神体」として崇められるようになった。

この仮説に従えば、式年遷宮の心御柱奉建とは、地上に降臨した太陽神アマテラスの神霊が憑りついた神聖な木を奉斎するマツリを原型としていると考えることができるだろう。降臨したアマテラスを宮地に鎮め置く秘儀だと言い換えることもできるだろう。

また先述の『御鎮座本紀』には「心の御柱。一名、天の御柱、またの名は忌柱、また天御《あめのみ》量柱《はかりのはしら》。……是則ち伊弉諾《いざなき》伊弉冉《いざなみ》二尊が府に鎮む」と記されている。つまり、中世の伊勢神宮では、心御柱が、『古事記』の冒頭の神話でイザナギ・イザナミが「見立て」たという「天の御柱」になぞらえられていたわけだ。

したがって、心御柱を『古事記』にいう「天の御柱」に置き換えるならば、心御柱奉建とは、天降った伊耶那岐命・伊耶那美命が柱を立てる場面になぞらえることができよう。逆に言えば、「柱を立てる」という伊耶那岐命・伊耶那美命の動作には、神霊が憑りついた聖木を地上に根づかせるというマツリが意図されているのではないだろうか。

伊勢神宮の心御柱は、歴史の流れのなかで、まさに神殿の影に隠されてしまっているが、そこには、縄文にさかのぼる巨大な柱へのアルカイックな信仰がしっかりと根付いているわけだ。この影に隠れて地中に埋まった柱こそが、伊勢神宮全体を支えているといえるのかもしれない。

賀茂神社の御阿礼神事にみる神柱信仰の痕跡

心御柱奉建の古態に近い様式を保っていると目されるマツリがある。京都の賀茂神社の葵祭（賀茂祭）の前夜祭にあたる御阿礼《みあれ》神事である。

御阿礼とは「御現れ（御生れ）」で、すなわち、ふだんは目に見えない神が眼前に現れるという意味だ。これは五月に上賀茂神社（賀茂《かも》別雷《わけいかづち》神社）・下鴨神社（賀茂《かも》御祖《みおや》神社）双方で行われている神事で（下鴨神社では御阿礼神事ではなく、御蔭祭《みかげまつり》と呼ぶ）、観光名物となっている葵祭とは違って秘祭とされているが（とくに、上賀茂の御阿礼神事を覗き見た者は一年以内に命を落とすと言われている）、ここでは現行の上賀茂神社の場合を例に概要を説明してみよう（谷川健一編『日本の神々5　山城・近江』白水社、一九八六年）。

神事は、五月十二日の午後八時から行われる。上賀茂神社の本殿の裏手に神山（賀茂山）と呼ばれる神体山があるが、この神山の麓に御阿礼所《どころ》と呼ばれる聖域が設けられる。そこには松・檜・榊などからなる四角い垣根のようなもの（御囲《おかこい》）がつくられ、その中央には、榊に四手を付した「阿礼木」が立てられる。神事が始まると御阿礼所に神山から上賀茂神社の祭神（別雷命）が迎えられて阿礼木に遷され、矢刀禰《やとね》と呼ばれる神職がその阿礼木を持って神社の境内に神幸するのである。社伝（「賀茂旧記」、『年中行事秘抄』載録）によれば、太古、別雷命が、「私に会いたければ、奥山の賢木《さかき》を取り、阿礼を立て、種々の綵色《さいしょく》を飾り、葵・楓の蘰《かずら》を造り、厳かに飾って待て」と神託したのだといい、これが葵祭の由来に位置付けられている。また、折口信夫は、阿礼木として立てられた奥山の榊とは、かなり大きな立木が根をつけたまま伐り取られたものであったろう、と述べている（「幣束から旗さし物へ」）。

前述の筑紫申真『アマテラスの誕生』によれば、この神事は本来、斎王《さいおう》（皇女であり、賀茂神の巫女として差し出された人）の奉仕を伴い、かつては阿礼木が賀茂川のほとりまで引かれて川の中に神が木から離れて入り、川の中に身をひたした斎王が、その神を水中からすくいあげる、といったマツリが行われていたのだという。

榊である阿礼木は、立てた榊に注連縄を張った、マツリの際の神座となる、いわゆる神籬《ひもろぎ》に相当するもので、その大きさ・高さからして決して「柱」とは言えないだろうが、阿礼木を立てるという行為には、天の御柱や諏訪の御柱、神宮の心御柱の場合と同じように、神の依り代として木を立て、聖木に神を憑りつかせ迎えるという原始のマツリの姿が映し出されているように思う。

記紀の有名な「天の石屋戸ごもり」の場面では、布刀玉命が、「天《あま》の香山《かぐやま》の五百《いほ》つ真賢木《まさかき》」（高天原の中心にそびえる天の香山に生える枝葉の繁った榊）を根こそぎ堀り取り、上の枝に勾玉を、中の枝に八尺鏡を、下の枝に幣を垂らして取り持ち、天照大神のこもる石屋戸の前に立ちはだかる。このとき、布刀玉命が捧げ持った榊は、神霊の依り代であり、阿礼木のバリエーションとみることができるだろう。

古墳の上に立てられた柱

『日本書紀』推古天皇二十八年（六二〇）十月の条に、次のような記述がある。

　砂礫《さざれし》を以て檜隈陵《ひのくまのみささき》（欽明天皇陵）の上に葺《し》く。則《すなは》ち域外《めぐり》に土を積みて山を成す。仍《よ》りて氏毎《うぢごと》に科《おほ》せて、大柱を山の上に建てしむ。時に倭漢坂上直《やまとのあやのさかのうへのあたひ》が樹《た》てたる柱、勝《すぐ》れて太《はなは》だ高し。故、時の人号《なづ》けて、大柱直《おおはしらのあたひ》と曰《い》ふ。

　欽明陵の上に土を積んで山をつくり、その上に、氏族ごとに大柱を建てさせた。そのとき、渡来系の東漢《やまとのあや》氏の坂上直の立てた柱がいちばん高かったので、彼は大柱直と呼ばれたというのである。

柳田国男は、この記述を、塚の上に柱を立ててマツリの場とした風習が日本に古来あったことの傍証としている（『神樹篇』一九五三年）。

古墳の周囲に柱を立てるということには、たんに古墳を荘厳するにとどまらず、柱を立てて神を憑りつかせる〈神柱信仰〉と、神柱によって被葬者の霊を祀り守護するという信仰が重なり合っているとも考えられる。いずれにしろ、柱と神マツリは、密接な関係にあったわけである。

そもそも、「立つ」という言葉には、「雲が立つ」「煙が立つ」という表現に見られるように、出現する、顕現するという意味もある。ちなみに、日本的な神の基本的属性のひとつに「祟る（祟り）」があるが、柳田国男によれば、「祟る」はタツなどと同系の語で、もとの意味は「現れる」であり、神憑りの最初の状態をさすものだったと考えられるという（「みさき神考」）。

ここで、『古事記』神話の場面で、伊耶那岐命・伊耶那美命が淤能碁呂嶋に「見立て」たという天の御柱に立ち返ってみると、「天の御柱が立つ」とは高天原の神が地上に顕現することを象徴的に表現していると考えられよう。そして柱とは、神の依り代であると同時に、天と地のあいだにあって、天界と地上の人間とを媒介し、とりつぐ聖具、呪具でもあり、顕現した神のシンボルでもあった。

すなわち、「天の御柱を立てる」とは、神を降臨・顕現させる原初のマツリそのものの姿を神話的に表現しているのだろう。神の助数詞を「柱」とする真意を、そこに見出すことができる。

大嘗祭と柱の秘儀

皇位継承の諸儀式のなかで、最も重要視される大嘗祭《だいじょうさい》は、飛鳥時代の天武・持統朝（七世紀後半）に確立したとみるのが定説である。稲の収穫祭を発展させたものと考えられるこの祭祀の内容を見ると、主祭場である大嘗宮を建てる際に、伊勢のような心御柱風の儀式をとくに見出すことはできない。だが、この祭祀の前段で、「柱を立てる」ことをしのばせる行為が行われていたと考える見方がある。

大嘗祭では、十一月下卯の日に行われる本祭に先だって、天皇即位ののち、卜定が行われる。大嘗宮の悠紀《ゆき》殿（東の神殿）と主基《すき》殿（西の神殿）に献供する新穀を収穫する国郡を卜定し、悠紀《ゆき》・主基《すき》地方の斎田が定められるのである。このとき、斎田のかたわらに、八神殿が設けられる。この八神殿とは、御歳神《みどしのかみ》・高御魂神《たかみむすひのかみ》・庭高日神《にわたかつひのかみ》・大御食神《おおみけのかみ》・大宮女神《おおみやのめのかみ》・事代主神《ことしろぬしのかみ》・阿須波神《あすはのかみ》・波比伎神《はひきのかみ》の八神を祀るもので、八神は御膳《みかしわで》八神とも呼ばれる神々であり、天皇の大御食を調える大膳職に祀られる神、いうなれば宮中の台所の神である。

『貞観儀式』によれば、八神殿は、青草で葺き、中に竹の棚を置き、その上にむしろを敷いて神座となし、その周囲を葦の葉でめぐらしたもので、ごく素朴な仮宮である。

神話学者の松前健は、斎田に設けられたこの八神殿に関連して、次のように記している。

> 大嘗祭の斎院の上に設けられた八神の神座にも、恐らく神木（これはあまり大きくない榊であろうが）が、立てられたのであろう。斎田の横に、粗末な黒木、草葺の仮宮、さらにその中に設けられた神座、その上にむしろを敷き、榊を立てる、というような素朴な形を思い浮かべるなら、現存の農耕儀礼、田の神祭りなどのフォークロアとまさに照応すべきものである。神木の使用は、農耕儀礼ではきわめて普通である。……（中略）……要するに、農神は木を目印にして降臨するのである。（「大嘗祭と記紀神話」、岡田精司編『大嘗祭と新嘗』学生社、一九七九年）

八神殿に立てられた神木とは、神柱の変型であり、また神籬の一種であるともいえよう。さらに松前は、大嘗祭の本来の祭神は、天照大神ではなく、斎田の八神殿に祀られる、生成力の神としてのタカミムスヒ（高御魂神、高御産巣日神）ではないかと指摘しているが、タカミムスヒは『古事記』では一名を高木神という。この神名は、まさに神霊の依り代となる高い木を表現するもので、この神そのものが、「天の御柱を立てる」ことの神格化とも考えられる。

王権祭祀の奥深くにも、柱の秘儀は忍び込んでいたのである。

身をすぐ――呪法としての禊

ここをもちて、伊耶那伎《いざなき》の大神の詔《の》らししく、「あは、いなしこめしこめき穢《きたな》き国に到りてありけり。かれ、あは御身《みみ》の禊《みそき》せむ」とのらして、竺紫《つくし》の日向《ひむか》の橘《たちばな》の小門《をど》の阿波岐原《あはきはら》に到りまして、禊祓《みそき》したまひき。

＊＊＊

全国の熊野神社の総社である熊野本宮大社（和歌山県田辺市）は、熊野川の西岸に鎮座しているが、この地に社殿が建ったのは、じつは明治時代なかばのことで、それほど古い昔のことではない。

では、それ以前は熊野本宮はどこにあったかというと、現社地から五百メートルほど下流の、熊野川とその支流音無川・岩田川が合流する付近に広がる、「大斎原《おおゆのはら》」と呼ばれる中洲にあったのである。遅くとも平安時代後期（十一世紀末）にはこの中洲に社殿が存在し、境内は現在の数倍の規模だったらしい。だが、明治二十二年（一八八九）に熊野川の大洪水が起こり、社殿が流失。そこで、上流右岸を新たに社地として、遷座したのである。

現在では川底が高くなったために、大斎原は中洲ではなくなっていて、そこへは容易に足を踏み入れることができる。だが、往古、この島には橋がいっさい架かっていなかった。では、参詣者はどうしていたかというと、彼らは川を歩いて渡り、社地に入って行ったのである。熊野は、浄土信仰の影響を受けて平安時代から浄土視され、来世の安穏を願う上皇・貴族が盛んに参詣するようになり、やがてその波は武士や庶民にも及んで、「蟻の熊野詣で」と呼ばれれほどの隆盛をみたが、参詣者は、身分の貴賤を問わず、川を徒渉して本宮に参詣することを原則とし、これを「ぬれわらじの入堂」と呼んだのである。

鎌倉時代の『一遍聖絵』（一二九九年）には、熊野参詣者が、「岩田河のながれに衣の袖をすすぎ」、本宮に入って行ったと記されている。

つまり、大斎原の周囲をめぐる清流は天然の「水垣」であった。熊野の一番の聖地には、水に触れ、水を潜らなければ、参入できなかったのである。

こうして参詣者たちは、ごく自然なかたちで、身を清める「禊《みそぎ》」を行っていたのである。

イザナキに由来する呪法としての禊

火神を産んで陰部を焼かれたために逝った妻伊耶那美命《いざなみのみこと》を追って、黄泉国へと赴いた伊耶《いざ》那岐命《なきのみこと》。しかし彼がそこで目にしたのは、おどろおどろしく汚れた屍体に変わり果てた妻伊耶那美命の姿だった。その姿に深いショックを受けた伊耶那岐命は黄泉国を逃げ出し、伊耶那美命の追跡を何とかかわして地上に戻る。

そして、黄泉国から脱出した伊耶那岐命がまず口にした台詞が、冒頭に掲げたように、「私は、なんといやな見る目も醜く穢い国に行っていたことだろう。だから私は、からだの禊をしよう」であり、そう言ってから伊耶那岐命は「竺紫の日向の橘の小門の阿波岐原」に赴いて、実際に禊をしたのである。「竺紫の日向の橘の小門の阿波岐原」だが、「竺紫の日向」は九州、「小門」は川の落ち口、「阿波岐原」はアワキ（青木・柏・溝萩など諸説あり）の生い茂ったところをさすとされ、この場所を九州宮崎市阿波岐原町にある江田神社（祭神は伊耶那岐命）付近に比定する説も古くからあるが、神話上の地名と解したほうが無難に思う。

この後段では、伊耶那岐命が、杖や帯など、身につけていた穢れのものを投げ棄てることによって神々が化成し、次にからだを水中に投じ清める神々が化成するという場面が続く。そしてこの禊の場面の最後で、伊耶那岐命が左目を洗うと天照大御神《あまてらすおおみかみ》、右目を洗うと月読命《つくよみのみこと》、鼻を洗うと建速須佐之男命《たけはやすさのおのみこと》が化成するのである。

『古事記』における一連の有名なこの場面は、日本人にはなじみ深い神道的行法である「禊《みそぎ》」の始原的伝承に位置付けられている。

「禊」は、『新潮日本古典集成・古事記』の頭注によれば、「身削ぎ」が語源で、「身を削いで穢れを除く」の意だといい、衣服を脱ぎ棄てることも、水中に身を投じて身を振りすぐことも禊にあたり、水中に入る禊は、水の霊威によって身が清浄になると信じられた一種の呪法であるという。

一方、禊本来の趣旨は、新しい霊魂を迎え入れるために身を潔めて迎え易くすること、あるいは水によって霊魂を付着させること、つまり一種の再生儀礼ととる見方もある（尾畑喜一郎『古事記事典』桜楓社、一九九八年）。キリスト教の洗礼や、仏教の灌頂に比せられるものだ。

また、『古事記』に「禊祓」と表記されていることからも伺えるように、禊と祓《はらえ》がここで

黄泉国から逃れ、「阿波岐原」で水中に入り、禊を行って身を浄めるイザナキ。『神代正語常磐草』(江戸時代／国立国会図書館蔵）より。

は同義にみなされているとみられ、また一般には罪・穢れを清める神事全般を「禊祓《みそぎはらえ》」と呼ぶことが通用している。

しかし、本来、祓は罪を物によって贖う行為をさし、転じて神に祈って罪や穢れや災厄を払う意となったが、とにかくもともとの祓は、川や海の水で浄める禊とはまったく別個の呪法・神事であったとするのが通説である。ちなみに、岩波文庫版『日本書紀』の禊の場面の一書第六では、イザナキは「祓《みそ》ぎ除《はら》へたまふ」と訓じられ、『万葉集』には「身秡（祓）」を「みそぎ」と訓んでいる歌もある。また、『類聚名義抄』には、禊に「ハラヘ」と「ミソギ」の二訓がふられている。

禊と祓の関係については、学者の間でもいろいろな考え方があるようだが、ここではまずは「禊《みそぎ》」に注目してみたい。

海に潜り込むのが禊の原像

「みそぎ」というと、現代のわれわれは褌姿の行者が滝や池、清流で行う姿を連想しがちだが、このイメージは、明治以降に定着したものらしい。明治期に活躍した神道家・川面凡児《かわつらぼんじ》は、

「神代の風儀《てぶり》」にならって禊行を復興したとされるが、それは国家神道の波に乗って広く国民に流行した。冷水に入って祝詞を奏上するという、現代に励行されている禊行は、基本的にはこの川面が創始したものにもとづいているとみられる。

だが、往古の禊は、『古事記』にも描かれているような、じつに雄大なものであった。『古事記』によれば、身に着けていたものを投げ棄てた伊耶那岐命は、「上つ瀬は瀬速し。下つ瀬は瀬弱し」(上の瀬は流れが急だ。下の瀬は流れが緩やかだ)と言って、中つ瀬に身を投じ、潜り、すすいだ。この場合、瀬というのは海原に通じる川の流れを指すとみられる。そして中つ瀬での禊によって神々が化成すると、今度は海の底で禊を行い、次に海の中、海の上というように場を代えて禊を繰り返し、神々を化成させてゆく。禊とは、元来、海を舞台としたもので、海底にまで潜り込む、現代に行われているものよりはるかに勇壮・豪快で、かつ幽遠なものがめざされていたとみるべきだろう。

そしてこうした禊は、日本古来、日本固有の、神道の基本的行法としてイメージされることが多いようだが、実際のところはどうなのだろうか。

『魏志』「倭人伝」(三世紀)をみると、次のようなことが記されている。

其の死すや、棺《かん》有れども槨《かく》無し。土を封じて冢《つか》を作る。始《いま》し死したらば、喪《なきがら》を停《とど》むること十余日、時に当たりては肉を食《くら》わず、喪主は哭泣《こくきゅう》すれど、他人は就きて歌舞飲酒す。已《すで》に葬らば、家を挙《こぞ》りて水中に詣《いた》りて澡浴し、以って練沐《れんもく》の如くす。

（倭人の葬式には、棺はあるが外箱はない。土を盛り上げて墓を作る。死んだら遺骸をその場に十何日かとどめ、その期間は肉食をせず、喪主は声をあげて泣くが、その他の人間はその場所にいて、歌い踊り、酒を飲む。墓に葬ってから、家中の者が水に入って澡浴し、練沐のようにする。）

「喪を停むる」というのは、いわゆる「殯《もがり》」を指していると考えられている。殯は、死者が出た場合、死体を最終的に埋葬するまでのあいだ、遺骸を焼かずに仮に安置して霊魂を鎮める葬礼のことで、古代の日本では、死者のために生木で喪屋を建て、殯の期間、近親者は小屋の中に入って遺骸と寝食をともにし、死者をこの世に呼び戻すために歌舞を行ったと考えられているのだ。沖縄では、これに由来するとみられる習俗が、近年までみられた。沖縄出身の民俗学者、伊波普猷（一八七六〜一九四七）によると、沖縄の津堅島では、人が死ぬと薦で包んで山中の藪に放ったが、その家族や親戚朋友たちが、屍が腐爛して臭気が出るまで、毎日のようにその山を訪れ、死人の顔を覗いて帰ったという（「南島古代の葬制」）。

そして三世紀頃の倭国では、死者が出ると、墓を作って殯を行い、遺骸を完全にそこに埋葬すると、一家がこぞって水に入って「澡浴」をしたというのである。

「澡浴」というのは禊のルーツとみることができそうで、この場合は、死の穢れを清めるために行われた水垢離《みずごり》とも、あるいは近親者の死に対する悲哀をへて新たな霊魂を付着させる再生儀礼だともみなすことができるだろう。そしてその様子は、中国で喪明けに行う「練沐」のようであったというのだから、中国でも禊と似たような風習があったことになる。

『後漢書』によると、後漢（一～三世紀）では、三月上巳（三月三日）に水辺で人々が「祓《ふっ》禊《けい》」をすることが年中行事になっていたという。祓禊とは、災いを取り除くために川で身を清めることで、後には秋にも行われるようになったという。また、『周礼』(紀元前二世紀頃)に「祓除」の語があり、これも水辺で身を清めることで、祓禊の原型とみられる。おそらく、『魏志』「倭人伝」にいう「練沐」にも通じるものだろう。また、三月の祓禊の習俗は、古代の朝鮮半島でも行われていたとみられている（上田正昭『神道と東アジアの世界』徳間書店、一九九六年）。

身を水ですすぐ禊は、必ずしも日本固有のものとはいえず、むしろ東アジア全体に普遍的な習俗・呪法だったとみるべきだろう。

ただ、伊耶那岐命が修した禊と大陸系の祓禊を比較してみた場合、後者が「水辺」で行われたのに対し、前者が「海」とのつながりを強調している点が目を引く。これは、日本が海に囲まれた島国であるという風土と関連しているのだろうか。

天皇の即位儀礼に取り込まれた禊

禊は、天皇の即位儀礼にも組み込まれている。

ひとつは、御禊《ごけい》である。平安時代以降、天皇即位後の大嘗祭の前月（十月下旬）に、天皇が賀茂の河原に臨んで行うもので、「豊《とよ》のみそぎ」または「河原のはらえ」とも呼ばれた。ただし、その祭祀の実際は、「天皇の手水の後、神祇官から大麻《おおぬさ》・御贖物《みあがもの》、解縄《ときなわ》・散米《さんまい》・人形《ひとがた》を献じ、中臣女と御巫《みかんなぎ》が奉仕して大麻による一吻一撫を行い、贖物の人形で御体を撫で、縄を解き、散米する。この間に神祇官の宮主《みやじ》が解除詞《はらえのことば》を奏し、終って大炊寮官人が五穀を撒く」（『国史大辞典』）というものだったというので、水辺で行われるとはいえ、「禊」としての要素は薄く、実際には「祓《はらえ》」に近いものであったと考えられる。戦国時代の中断をへて江戸時代に大嘗祭が再興されると御禊も復活したが、以後は御所内の清涼殿東庭で行われるようになった。

だが、即位儀礼に組み込まれた禊は、もうひとつ存在する。

それは、古代、難波《なにわ》の海浜で行われた八十島《やそしま》祭である。

このマツリは、天皇が即位した後、大嘗祭の前後に行われた一代一度の重要な祭儀で、文献上の初出は『文徳天皇実録』の嘉祥三年（八五〇）、以後、史料で確認できるのは二十二回で、鎌倉時代の後堀河天皇の元仁元年（一二二四）が最後である。およそ四百年弱続いていたということになる。

ただし、文徳天皇以前からこれが行われていたのではとする意見もある。

たとえば、六世紀なかごろに在位した欽明天皇は、『日本書紀』には、即位の翌年に難波《なにわの》祝津宮《ほうりつのみや》に行幸したとあるが、考古学者の森浩一は、「難波祝津」を「難波にある祭りをおこなう津」と解し、八十島祭の前身となる祭を行ったのではないかと推定している（『古代史おさらい帖』筑摩書房、二〇〇七年）。『続日本紀』にみえる光仁天皇以前のほとんどの天皇が大嘗祭の翌年に難波宮に行っていることも興味深い。この祭儀の執行のためと見ることもできるからだ。また、後堀河天皇以後も、史料には見えないが、実際には八十島祭は継続していたのではないかとする意見もある。

さて、マツリの実際だが、『文徳天皇実録』には詳細な記述がないが、大江匡房《おおえのまさふさ》『江家次第《ごうけしだい》』（十二世紀）によると、おおむね次のようであったという。

祭使のリーダー格である宮主《みやじ》は、参内して御麻を献じ、天皇はこれに対して「一撫一息」を行って返す。「一撫一息」とは、天皇が一度手で撫で、一度息を吹きつける儀式であるという。また、これとは別に天皇の衣を納めた御衣《みそ》の筥《はこ》が授けられる。祭使はこれらを奉じて淀から船に乗り、難波津に向かう。一行を率いるのは御衣を持つ典侍《ないしのすけ》で、典侍は天皇側近の女官であり、多くは新天皇の乳母があてられたという。

難波津にいたると、宮主が祭場を築く。そして神祇官が琴を弾く間に、女官が御衣の筥を開いてこれを振り、さらに宮主が御麻を捧げて禊を修する。禊が終わると、大量の祭物が海に流される。そして帰京の途につき、帰京すると典侍が参内して天皇の御衣を返上し、あわせて祭が平安に奉仕されたことを言上する。

このように、八十島祭は天皇自身が下向して禊をするわけではないのだが、天皇が一撫一息した御麻を捧げて禊をする宮主は、明らかに天皇に代わって禊をしていることになろう。

また、八十島祭には、禊の他に、女官が天皇の御衣が納められた筥を降るという「鎮魂」

の要素もあることが注目されるが、これもまた天皇自身の鎮魂が代行されているとみるべきだろう。なお、笥を振動させる方式の鎮魂儀礼は、平安時代前期の九世紀なかば以降に整備されたものと考えられるので（新谷尚紀『伊勢神宮と三種の神器』）、八十島祭の禊もそれに合わせて整備された可能性も考えられる（鎮魂については別の項で詳述する）。

イザナキ・イザナミの国生みの追体験としての八十島祭の禊

八十島祭の祭神についてだが、住吉大神とする説、生島神・足島神＝大八洲《おおやしま》霊とする説、イザナキ・イザナミとする説など、諸説がある。

いろいろな解釈が成り立ちそうだが、禊という視点からすれば、住吉大神が注目される。『古事記』のイザナキの禊によって終盤近くで住吉大神（底箇之男命《そこつつのおのみこと》・中箇之男命《なかつつのおの》・上箇之男《うわつつの》男《おの》命＝墨江《すみのえ》大神）が化成しているからである。

そもそも難波には、住吉信仰の本源である住吉大社が古くから鎮座している。祭場となった難波津の海浜は、イザナキが禊を行った「竺紫の日向の橘の小門の阿波岐原」がイメージされていたとも考えられうる。

住吉大神と神功皇后を祭神として祀る古社、住吉大社（大阪市住吉区）。現在は大阪湾から隔てられているが、かつては海岸線が間近にまで迫り、航海の神として信仰された。全国の住吉神社の総本社となっている。

また、難波津の西には国生み神話で最初に生まれる淡路島を遠望できるが、淡路島は海神(綿津見神《わたつみのかみ》)を祖神とする海人集団の阿曇《あずみ》(安曇)氏の根拠地のひとつであった。住吉大神(ツツノオノ命)と、記紀にこの神としばしば並列する形で登場する海神(ワタツミノ神)は、元来はひとつだったとみる説がある(西本泰『住吉大社』学生社、一九七七年)。もしそうであれば、難波津の海浜が祭場に選ばれたのは、阿曇氏の神話伝承と関連があるのかもしれない。

一方、「八十島」という名称に着目してみれば、海に浮かぶ島々の神=八十神、つまり生島神・足島神=大八洲霊を祀るものと考えるのも妥当に思えてくる。八十島祭は、奈良時代には「大八洲《おおやしま》祭」と呼ばれていた可能性があることが指摘されている(前掲『古代史おさらい帖』)。大八洲国とは、『日本書紀』神代巻に出る語で、イザナキ・イザナミの国生みによって生じた日本列島の総称であり、『古事記』では大八嶋国と書かれる。つまり、国生み神話が八十島祭では再現されているという見方である。

そうなると、イザナキ・イザナミを祭神に加えてもよさそうである。ちなみに、古代には淀川の下流は潟湖のようになっていて、島がいくつもみられたという。祭場となった難波津というのが、現在地で正確にはどこにあたるのかはわかっていないが、そこからは、八十島の光景を目のあたりにすることができたのではないだろうか。

このように八十島祭についてはさまざまな見方ができ、実際、祭神も目的も複数の要素が重層的に融合していると思われるが、ここでは住吉大社宮司を務めた西本泰による、的確な総括を引くにとどめておこう。


この八十嶋祭は、天皇の即位されて後、大嘗祭の行なわれる前後に、天皇が使を難波津に参向せしめられて、その昔のイザナギ・イザナミノ尊の国生みを偲ばれ、大八嶋の神霊を仰いで国土恢弘、国家発展の祈請をせられるとともに、鎮魂と禊祓の儀礼を修せられて、宝寿の長久を祈られたものであろう。（『住吉大社』）

ところで、はじめに触れたように、『古事記』によれば、伊耶那岐命は禊によって住吉神を化成させると、次は水で目と鼻を洗い、これによって化成したのが天照大御神であり、月読命であり、須佐之男命である。

その昔、天皇が大王と呼ばれていた時代、王位に即いた大王自らが難波の海に身を投じ、禊を行ってイザナキの禊と天祖・皇祖の生誕を偲び、さらには水の霊威によって王者としての霊魂を賦活させた。――そんな勇壮な姿を想像したいところである。

神功皇后にみる禊の本質

『日本書紀』によれば、新羅から凱旋した神功皇后は、住吉神の教えにしたがって、大津の渟中倉《ぬなくら》の長峡《ながお》にその和魂《にぎみたま》を祀った（神功皇后摂政元年二月）。これが住吉大社の起源とされていて、第四殿には神功皇后（息長帯姫命《おきながたらしひめのみこと》）が祀られている。

そして、『日本書紀』には、新羅出征前に、この神功皇后が禊を修している場面を見出すことができる。

夫仲哀天皇が不慮の死を遂げた後、新羅征討の意思をかためて九州の橿日浦《かしひのうら》に待機していた神功皇后は、海に臨んで髪をほどき、こう告げる。

吾、神祇の教《みこと》を被《う》け、皇祖《おほみおや》の霊を頼《かうぶ》りて、滄海《あをきうなはら》を浮渉《わた》りて、躬《みづか》ら西を征《う》たむとす。是《ここ》を以て、頭を海水に滌《すす》がしむ。若し験《しるし》有らば、髪自《おの》づからに分れて両《ふたつ》に為れ。

（神功皇后摂政前紀）

出征に先立ち、「頭を海水にそそいで禊を行うので、もし霊験をいただけるのであれば、髪が二つに分かれよ」と誓約《うけい》をしたのである。

そして皇后が海に入って頭をすすぐと、髪は自ずから二つに分かれた。すると皇后は分かれた髪をそれぞれ角髪《みずら》に結い上げた。角髪は男子の髪型で、要するに皇后は男装して、出征に臨んだわけである。

ここでは、禊が神意を伺う占法になっている。また、人皇以降では、これが禊の先蹤ということになるだろう。

『古事記』によれば、神がかりする神功皇后に憑依したのは、住吉大神（底箇男命・中箇男命・上箇男命）であったといい、そしてその住吉大神とは、同じく『古事記』の神話によれば、伊耶那岐命が海原で禊をしたことで化成した神であった。

神功皇后にとって、禊とは自らを守護する海の神と交信することであり、またその霊威を身に帯びることでもあった。

同様に、古代の日本人にとって、禊とは、豊かな命をもたらす海の神霊と交わり、そのエネルギーを引き入れるおおらかな呪法であった。「海水に浮沈して、神祇身を滌《すす》くに呈《あらは》れき」（『古事記』序）とあるように、だからこそ伊邪那岐命は、筑紫の日向の橘の小門で禊を修して霊威を帯びることによって、多くの神々を出現させることができたのである。

そして、禊が後に天皇の即位儀礼にも組み込まれたことの背景には、禊のもつこのような本源的な呪術性が浮かび上がってくるのである。

禊を先入観からたんに神道に固有の心身浄化の行法とのみとらえて限定してしまうと、その本当の姿が見えにくくなってしまうように思う。

肉を捧げる――動物供犠をめぐって

天照大御神《あまてらすおほみかみ》、忌服屋《いみはたや》に坐《いま》して神御衣《かむみそ》織らしめたまひし時に、その服屋の頂《むね》を穿《うか》ち、天《あめ》の斑馬《ふちうま》を逆剝《さかは》ぎに剝ぎて、堕《おと》し入るる時に、天の服織女《はとりめ》見驚きて、梭《ひ》に陰上《ほと》を衝《つ》きて死にき。

＊＊＊

平成二十五年の式年遷宮の翌年、伊勢の神宮を参拝した。内宮・外宮とも正宮の新神殿は圧倒されるほどの清楚さと明るさを放っていた。素木のヒノキはまぶしいほどに白々とし、棟の上の鰹木と屋根の破風に伸びる千木の端を覆う飾り金具が、澄んだ輝きを加えていた。反面、隣の御敷地に建つご神体に去られた旧神殿をみると、柱も壁板も色がくすみ、萱の屋根には黒ずんだ苔が蒸し、いかにも茅屋といった風情である。掘立柱に萱葺《かやぶき》屋根という建築は、やはり二十年が限度なのか。それとも、ご神体に去られると、神殿も力を落としてたちまちに老いさらばえてしまうのだろうか。

ところで、内宮の正宮の正面、石段を下りた先には、御贄調舎《みにえちょうしゃ》という建物がたっている。屋根があるだけの簡素なもので、マツリの際、ここで魚貝類がさばかれ、神饌として捧げられるのだという。ただし、奇妙なことに、この御贄調舎には、正宮に面する一方にだけ板で壁が立てられている。なんでも、調理の際の血を神様にお見せしないための配慮なのだという。神は血の穢れを忌むということだろう。

そんな説明を耳にしたとき、「それなら何もわざわざ神殿の正面で贄をさばかなければいいのに。他の離れた場所でさばいてから捧げ持ってくればいいではないか」とふと思った。

だが、しばらくあとで、こんな風にも考えた。

御贄調舎がいつ頃から神宮に登場したのかは知らないが、もしかしたら、古い時代には、壁で遮ることなく、正宮の正面で、堂々と贄をさばいて献じる供犠祭祀がおこなわれていたのではないか――。

スサノオは馬を生け贄としてアマテラスに捧げた

冒頭に挙げた『古事記』の原文は、須佐之男命が姉神である天照大御神に対して乱暴狼藉を働く場面で、天の石屋戸神話へと続く重要なくだりである。

須佐之男命は、高天原で天照大御神との誓約《うけい》で勝利したと確信すると、荒ぶる性をあらわにして勝ちさびをはじめ、天照大御神がつくる田を壊し、祭（大嘗《おおにえ》）の御殿に糞をまき散らす。あげく、皮を剥がれた生き馬をなげつけるのだ。

この箇所を現代語訳すると、次のようになる。

天照大御神が服織屋で神に奉る衣を織らせていると、須佐之男命がその服屋の棟に穴を開け、天の斑馬（毛のまだらの馬）を逆剥ぎにして落とし入れた。すると、服織女がこれに驚き、機織具の梭を陰部に突いて死んでしまった。

「逆剥ぎ」の解釈については、生きながら皮を剥ぐ、尾の方から逆さに皮を剥ぐなど、いくつか解釈があるが、とにかく尋常ではない残虐な剥ぎ方だといえるだろう。

そして、この弟神須佐之男命の度を越した横暴な振る舞いに、寛容な天照大御神もさすがにショックを受け、天の石屋戸に籠ってしまうのである。

なお、『古事記』では、梭で女陰を突いて亡くなるのは服織女だが、『日本書紀』神代の本文では、天照大神自身が梭で身を傷つける展開になっており、一書第一では稚日女尊《わかひるめのみこと》が梭で身を傷つけてみまかったとある。天照大神に仕える服織女や稚日女尊は、アマテラスの分身的存在とみられているので、本来は天照大神本人が梭で女陰を突いて亡くなるというバージョンがあったとも考えられている。またこの物語は、天照大神が神に捧げる御衣を織る「服織女（機織つ女）」としての性格をもっていることの表象だとも考えられている。

展開が唐突でなかば不可解なこのくだりについては、「神聖なアマテラスの御殿を、スサノオが獣の血肉で汚し、冒瀆した」と解するのが通説として広まっている。

しかし、これに対して、こんな解釈を唱える説もあるのだ。

「スサノオの服屋での蛮行の場面には、馬を生け贄として神に捧げた古代祭祀の場面が投影されている」

なぜ、このような解釈が可能なのだろうか。

まずは、古代文献から、動物供犠の痕跡を探ってみよう。

『播磨国風土記』に見える農耕儀礼としての生け贄祭祀

古来、農耕・稲作を主流とし、血の穢れを忌む日本では、神々に生け贄を捧げるような野蛮な祭祀は行われず、日本民族は肉食をタブー視してきた。――そんな通念が広まっているようだが、古代の日本では、生け贄や肉食は決して禁じられていたわけではなく、むしろごく普通に行われていたとおぼしきフシもある。

たとえば、『風土記』をみてみると、『播磨国風土記』(七一三年頃成立)に次のような記述がある。

讃容郡《さよのこほり》条　讃容と云ふ所以は、大神妹妋《いもせ》二柱、各競ひて国を占めたまひし時、妹玉津日女命、生きたる鹿を捕り臥せて、其の腹を割きて、稲を其の血に種《う》ゑき。仍《よ》て一夜の間に苗生ひしかば、即ち取り殖《う》ゑしめたまひき。爾《ここ》に大神、勅《みことのり》したまはく、汝妹は、五月夜《さつきよ》に殖ゑつるかもとのりたまひて、即ち他処に去りたまひしかば、五月夜郡《さつきよのこほり》と号《なづ》け、神を賛用都比売命《さよつひめのみこと》と名づく。

（讃容というわけは、大神妹背夫婦二柱の神がおのおの先をあらそって国を占めたとき、妹玉津日女命が鹿を生け捕って寝ころがし、その腹を割いてその血にひたして稲をまいた。すると一夜のあいだに苗が生えたので、ただちにこれを取って植えさせた。ここに大神は勅して、「あなたは五月夜に植えたのか」と仰せになって、すぐに他のところに去ってしまった。だから、五月夜の郡といい、神を賛用都比売命と名づける。）

生きた鹿を捕えて腹を割き、その血を種につけて播いたところ、一夜で苗が生えたというのである。古代には、獣の血が、作物の豊穣をもたらすという信仰が存在していたことがうかがえる。

『播磨国風土記』には、もうひとつ獣の血にまつわる記述がある。

賀毛郡《かものこほり》条　雲潤里《うるみのさと》　右、雲潤と号《なづ》くるは、丹津日子神《につひこのかみ》、法太《はふた》の川底を、雲潤の方に越さまく欲《おも》ひて、爾云《かく》ひし時に、彼の村に在《ま》す大水神《おおみづのかみ》辞《いな》びて、吾は宍《しし》の血以て佃《たづく》るが故に、河の水を欲せずと云《まを》しき。爾時《そのとき》丹津日子、此の神は河を掘ることを倦みて、爾云《かく》へるのみと云ひたまひき。故《か》れ雲彌《うみ》と号く。今の人は雲潤《うるみ》と号く。

（右、雲潤と呼ぶのは、丹津日子の神が「法太川の下流の流れを雲潤里の方に越えさせたいと思う」と言ったときに、その村にいた大水の神が辞退して言うには、「私は獣の血で水田を作っている。だから、河の水は欲しくない」と言った。そのとき、丹津日子は、「この神は河を掘る仕事に倦みて〔あきて〕、そんなことを言っているのだ」と言った。だから、雲彌と呼ぶ。今の人は雲潤と呼んでいる。）

ここでは、獣の血で水田を作るので、水は不要だと神が言っているわけだが、この説話は、獣の血が稲の豊穣をもたらすと考えられていたことを示唆している。シシ（宍、獣）とは「肉」のヤマト言葉にあたる語で、ここでいう獣が何を指すのかは定かではないが、イノシシ（猪）やカノシシ（鹿）が古代日本の代表的なシシである。

これら『播磨国風土記』の記述は、作物の豊穣を祈念するための生け贄祭祀が行われていたことを推測させる。つまり古代の播磨地方では、種や籾を撒く季節になると、鹿や猪を生け贄として供犠を行い、作物の生長を促す霊力をもつと考えられたその鮮烈な血を田畑に撒き、豊穣を祈願する、というマツリが行われていたと考えられるわけである。

原田信男『霊と肉』(平凡社新書、二〇一四年）によれば、古くは西アフリカや南アフリカあるいはインドなどで人間を殺してその血を田畑に撒くということが行われ、斎種《いつきだね》に動物の血をつけると作物の生長を促すという信仰は、広く世界的に分布するのだという。

生け贄というと、山の神に獲物を捧げるというような狩猟儀礼的なものを思い浮かべがちだが、原田氏は『霊と肉』のなかで、古代日本では、農耕儀礼として生け贄祭祀が行われていたことが見逃されがちだったことを指摘している。

野獣であるシカの血を田地に撒くという儀礼が、弥生の水田稲作とともに到来した可能性が高いとみてよいだろう。

つまり、古代日本の農耕儀礼としての生け贄祭祀には、動物の血を忌み遠ざける観念はなく、むしろ血に強い霊威を認めているのである。

ここで、「血」つながりで、『古事記』において思い出されるのは、伊耶那岐命が、妻伊耶那美命を死に追いやった火神の首を斬った十拳剣《とつかのつるぎ》についた血から、建御雷男神《たけみかづちのおのかみ》をはじめとする神々が化成する場面である。妻を死に追いやった火神迦具土神《かぐつちのかみ》を剣で斬ると、その剣からしたたり落ちる血潮から、刀剣・雷・水の諸神が次々に化成するのである。この場面は、田畑に撒かれた血が苗を一夜にして生長させる『播磨国風土記』の説話を彷彿とさせるものがある。

『古語拾遺』にみる動物供犠

動物供犠をめぐる古代文献で、もうひとつ見逃すことができないのは『古語拾遺』である。『古語拾遺』は平城天皇の下問に応えて、斎部広成《いんべのひろなり》が大同二年（八〇七）に献上した書で、斎部（九世紀はじめまでは忌部）氏の伝承を中心にまとめられた神話・史書である。斎部氏は宮廷祭祀を司る名門氏族であったが、宮廷内に擡頭して彼らの地位を脅かそうとするライバル中臣氏に対抗し、独自の伝承を開陳して氏族の由緒を強調することが、撰録の主たる動機であったと考えられている。『古語拾遺』によれば、斎部氏の祖神は皇孫を奉じて葦原瑞穂国に降臨した天太玉命《あめのふとたまのみこと》であり、その天太玉命の祖神は、造化三神の一柱である高皇産霊神《たかみむすひのかみ》である。

そして、この『古語拾遺』の末尾に、特異な伝承として、動物供犠にまつわる「御歳神《みとしがみ》祭祀」の縁起譚が記されている。そのあらましは、やや長くなるが、次のようなものだ。

神代の昔、大地主神《おおなぬしのかみ》が田をつくった折に、牛の宍《しし》（肉）を田人《たひと》（農夫）に食べさせた。時に、御歳神《みとしのかみ》の子神がその田におもむき、饗《あえ》（饗応の供物）につばをはきかけて帰り、父神の御歳神にその状況を報告した。すると、御歳神は激怒し、蝗《おおねむし》をその田に放った。そのため、苗の葉はたちまちに枯れ、篠竹のようになった。

大地主神が片巫《かたかんなぎ》・肱巫《ひじかんなぎ》（男女の巫覡《ふげき》）にその理由を占わせたところ、御歳神のたたりであることが判明し、白猪・白馬・白鶏を御歳神に献供して、その怒りをなだめるようにと告げた。

大地主神が教えられたとおりにして謝罪すると、御歳神が答えて、「麻柄で桛《かせい》をつくり、その葉で掃い、天押草《あめのおしくさ》で押し、烏扇《からすおうぎ》をもって扇《あお》げ。もしそれでも蝗が去らなければ、牛の宍を溝口におき、男茎（ペニス）形を作って加え、薏子《つすだめ》（ハトムギ）、蜀《なる》椒《はじかみ》、呉桃《くるみ》の葉か塩をその畦にわかちおきなさい」と語った。

その指示どおりにすると、苗の葉が再び茂り、豊作となった。これが、現在、朝廷の神祇官が白猪・白馬・白鶏をもって御歳神を祭ることの起源である。

やや複雑な展開だが、整理するとこうなる。

田をつくった大地主神が牛肉を農民に振舞ったところ、御歳神が激怒し、蝗を放って苗を枯れさせてしまう。だが、大地主神が白猪・白馬・白鶏を献じると、御歳神は蝗を退治する呪法を教え（それには、牛の肉を使った呪物の作り方も含まれている）、その通りにすると稲が豊かに稔った。

ここに登場する大地主神《おおなぬしのかみ》は、大穴牟遅神《おおなむじのかみ》（大己貴命《おおなむちのみこと》）との類似を思わせるが、要するに土地神のことと考えられ、御歳神というのは、年穀すなわち稲の神である。

それにしても、大地主神が牛を屠ったことになぜ御歳神が激怒したのだろうか。

このことについては、「大地主神が農民に食べさせた牛肉は、それよりも先に御歳神に捧げなければならなかったものだったから」「大地主神に対する殺牛祭祀を、御歳神が認めようとしなかったからで、その代わりに白猪・白馬・白鶏を屠ることを要求した」などと、さまざまな解釈がみられる。だが、「白猪・白馬・白鶏」というのは、一種の瑞獣であろうから（白猪は平安時代には豚のことを指していたらしい）、筆者としては、御歳神が、家畜の牛ではなく珍しい瑞獣を供物とすることを求めたものと解しておきたい。

朝廷の公的祭祀では「白馬」が捧げられた

いずれにしても、この『古語拾遺』の説話は古代、農業祭祀として動物供犠が行われていたことを証しするものであろう。農民は、田の神に肉を献じることで、稔りを得ようとしたのだ。そして、ここでやっと生け贄として「馬（白馬）」が登場してきたことにも注目したい。しかも、「大地主神が田をつくった折に、牛の宍を田人に食べさせた」というからには、神人共食の祭儀が行われていた可能性も出てこよう。

そしてまた、この神話が、奈良・平安時代、五穀豊穣を祈って春に行われる祈年祭《きねんさい》の由来（朝廷の神祇官が白猪・白馬・白鶏をもって御歳神を祭ることの起源）を物語る要素ももっていることにも注意しておく必要がある。

祈年祭は、夏・冬の月次祭《つきなみさい》と秋の新嘗祭と合わせて四時祭《しいじさい》と呼ばれるが、これらは律令制の成立にともなって生じた、神祇官が恒例で行う公的な祭儀である。そして、祈年祭では、全国の官社の神官すべてが宮中に集められ、豊穣祈願の予祝が告げられるとともに、天皇の幣帛《へいはく》（神への捧げもの）がわかたれた。官社の神官たちは、毎年都まで出向いて幣帛を受け取ると、それを各神社に持ち帰って祭神に捧げ、あらためて豊穣を祈願したのである（井上

寛司『「神道」の虚像と実像』講談社新書、二〇一一年)。

『延喜式』巻第一「神祇」には、春の祈年祭に際し、「御歳社《みとしのやしろ》」に「白猪・白馬・白鶏」を捧げることが定められている。

御歳社については、葛城《かつらぎ》御歳神社(奈良県御所市)、鴨都波《かもつば》神社(同)などに比定する説があるが、一方で、固有の神社ではなくその祭神を指すとみる説もある(平林章仁『神々と肉食の古代史』吉川弘文館、二〇〇七年)。また、通説では、祈年祭で実際に動物を屠る儀式が行われていたとは考えにくく、たとえば、白馬を神前に引き回すといったたぐいの象徴的な供犠儀礼が行われていたのだろう、ということになっている。

しかしもちろん、『播磨国風土記』や『古語拾遺』などの記述をもとに、遠い時代に五穀豊穣を祈願して猪・馬をはじめとする動物を生け贄として神に捧げる供犠が実際に広く行われていた様を想像することは、決して無謀なことではあるまい。

また、古代には、猪甘《いかい》(猪飼)部《べ》という部民《べのたみ》がいて、一般には食用の豚を飼育する人たちのことと思われているが、考古学者の森浩一は猪甘を「重要な祭事にさいして、国家や豪族が神にささげるための犠牲獣を飼育する集団」とみている(『記紀の考古学』朝日新聞社、二〇〇〇年)。

かつての日本では、動物供犠は決してタブーではなかったのだ。

古代には動物供犠はタブーではなかった

公的な農業祭祀とは別に、飛鳥時代には、牛や馬を生け贄として水神に雨乞いをするという儀式も行われていたらしい。『日本書紀』皇極天皇元年（六四二）のところに「人々は牛馬を殺して神社に祀ったり、市を移したり（雨乞いのための中国の儀式）、河伯《かはく》（水神）に祈ったりしているが、全く効験がない」という記述があるからだ。

また、奈良時代には平城京や長岡京では、「漢神《からかみ》の祭り」という動物供犠が頻繁に行われていたらしい。

漢神というのは大陸から渡来した神あるいは渡来人が信仰した神を指すとみられているが、それ以上のことはよくわかっていない。とにかく、外来の未知の神だけに、強力な祟りをなして疫病や旱魃をもたらす神と畏れられた。そこで、漢神の祟りを鎮めるという目的で、牛馬を殺して祭壇に供えるというグロテスクな祭祀が行われたものらしい。実際、平城京や長岡京の遺跡からは切断された馬の頭骨が見つかっている。

牛馬の供犠による雨乞いや漢神の祭りは、大陸系の祭祀とみられるが、一時期は広く民間でも行われて、かなり流行したとみられている。しかし、奈良時代末には、牛馬の殺傷を伴う漢神の祭りは朝廷によって禁制されてしまう。

禁圧を受けたのは、牛馬を農耕や交通に有用な家畜として重んじたことや、仏教の不殺生戒の影響も考えられるが、それ以上に、血や死を穢れとして忌む意識が日本列島で高まったことが要因として挙げられよう（なぜ高まったのか、という問題は、筆者の手にあまる。ただし、これまでの論点を整理して考えれば、神道特有のものとみられがちな穢れの思想には、外来の、後発的な部分が思いのほか多いように思われることは、指摘しておきたい）。そして以前とは逆に、血や肉食が繊細な稲の生育を阻害すると考えられるようになり、さまざまなタブーが設けられ、日本の祭祀では動物供犠や肉食が忌避されるようになったのだろう。『古事記』が編纂された飛鳥時代の終わりから奈良時代のはじめにかけての時代は、ちょうど動物供犠や肉食がタブー視されていく時代と重なっている。水田を営んだアマテラスの服織屋に逆剥ぎにされた馬が投げ込まれたという『古事記』の描写には、往古の神々への生け贄祭祀の記憶が複雑なかたちで投影されているのではないだろうか。

そして、「白馬」を捧げた律令制下の朝廷の公的な祭祀にも、動物供犠の痕跡とおぼしきものをうかがい知ることができるのである。

さらにまた、冒頭に立ち返ってみると、皮を剥がれた生き馬を天照大御神の服織屋に投げつけた須佐之男命は、その直前に、高天原の田で「大嘗《おおにえ》」が行われる御殿に糞尿をまき散らしている。つまり、馬の生け贄は「大嘗」を背景としていたと考えることができる。

ここで『古事記』が記す「大嘗」とは、天皇即位後に一世一度のものとして行われる大嘗祭のことではなく、新穀を神に供える収穫祭としての新嘗祭をさしていることは明らかであるが、仮に祈年祭で動物供犠が行われていたとすれば、神話が示唆するように、古い時代において、新嘗祭もしくはそれの原型となる祭祀（宮廷に限らない、広い意味での収穫祭）においても、それが行われていたとしても決して不可解ではなかろう。

そして、その新嘗祭を母体として形成されたのが、大嘗祭なのである。

たまを鎮める——鎮魂の秘儀の深層

天《あめ》の宇受売《うずめ》の命《みこと》、天の香山《かぐやま》の天の日影を手次《たすき》に繋《か》けて、天の真折《まさき》を縵《かづら》として、天の香山の小竹葉《ささば》を手草《たぐさ》に結ひて、天の石屋戸《いはやと》にうけ伏せて、踏みとどろこし、神懸《かむがか》りして、胸乳《むなち》を掛《か》き出で、裳緒《もひも》をほとに忍《お》し垂れき。

＊＊＊

鎮魂——この言葉を耳にしたとき、現代人の多くは「死」を連想するはずだ。戦争や天災で不慮の死を遂げた人々を慰霊するとき、「死者の霊を鎮魂する」という台詞がごく自然にわれわれの口を衝いて出る。試みに、『大辞林』を引いてみると、鎮魂とは「死者の魂をなぐさめること」とある。

だが、「鎮魂」という語には、じつは、本来そのような意味はなかった。

古代においては、鎮魂は「たまふり」と読まれ、死者ではなく生者の霊魂を賦活し、あるいは死者を復活させる、再生のための躍動のマツリを意味していた。つまり、日本に非常に古くから伝わる呪術なのである。

そのことを、『古事記』を手掛かりに改めて検証してみたい。

天の石屋戸神話

弟神須佐之男命の乱暴によって服織女が死んだのを見た天照大御神は、これに恐れて天の石屋戸に籠る。すると、世界は真っ暗闇に包まれ、万の災いが起こった。そこで高天原の八百万の神は集まって相談し、石屋戸の前で天照大御神を招き迎えるためのマツリが行われることになった。

勾玉や鏡を掛け、幣が垂らされた賢木《さかき》を布刀玉命《ふとだまのみこと》が捧げもち、天児屋命《あめのこやねのみこと》が祝詞をあげて祈願し、天手力男神《あめのたじからおのかみ》が戸の脇に隠れ立ったところで、いよいよ巫女役の天宇受売命《あめのうずめのみこと》が登場。

天宇受売命は、天香山に生える長い蔓草を襷《たすき》にして掛け、高天原の蔓を髪飾りとし、天香山に生える小竹の葉を採り物として束ね持ち、天の石屋戸の前に桶を伏せて置き、その上に乗って踏んで大きな音を響かせ、神がかり状態になり、胸をあらわにし、裳《も》の紐を陰部にまで押し下げて垂らした。女身があらわになったのである。

この後の展開は周知の通り。時ならぬストリップショーを目にした八百万の神はともに笑い声をあげて高天原はどよめき、これを不思議と思った天照大御神が石屋戸をわずかに開ける。「あなた様より貴い神がいるゆえに、よろこび笑い遊んでいるのです」と天宇受売命が言うと、天児屋命・布刀玉命が八咫鏡《やたのかがみ》を差し出し、それをあやしく思った天照大御神がのぞき見ようと少し戸の外に出ると、脇に隠れていた天手力男神が天照大御神の手を取って、外に引っ張り出す――。

こうして、世界に再び光が戻るのである。

宮中鎮魂祭のルーツとしての天宇受売命の乱舞

天の石屋戸神話については、さまざまな解釈が成り立つが、最も有名で、かつ説得力があるのは、これを太陽信仰と結びつけるものだ。つまり、アマテラスを太陽神としてとらえ、石屋戸籠もりとは太陽が最もその勢いを衰えさせる冬至（旧暦十一月中旬）の表象であり、天宇受売命たちのマツリは太陽の復活を希う儀礼であり、石屋戸から外界に引き戻されたアマテラスは太陽の再生の表象である、という見方である。

この見方をとる場合、とくに、神がかりした天宇受売命の乱舞に対しては、天皇霊を賦活させるために冬至に宮廷で行われた「たましずめ」の実修すなわち鎮魂祭の反映であり、またその起源説話であると説かれることが多い。前章で触れた『古語拾遺』には「鎮魂《たましづめ》の儀《わざ》は、天鈿女命《あめのうずめのみこと》の遺跡《あと》なり」とあって、この見方の論拠のひとつになっている。

では、宮廷で行われた鎮魂祭とは、いったいどのようなものであったのだろうか。

『古語拾遺』（岩波文庫）の校注者（西宮一民）による補注には、こう説明されている。

> 職員令《しきいんりょうの》義解《ぎげ》（引用者注・官撰の養老令注釈書。八三三年完成）、神祇官条の鎮魂の条に「鎮は安なり。人の陽気を魂と曰ふ。魂は運なり。言ふこころは離遊の運魂を招き、身体の中府を鎮《しづ》む。故、鎮魂と曰ふ」とあるが、遊離する魂を、天皇の心の中につなぎ留める（これが「鎮める」）ことで、こうすることによって、天皇の魂が活き活きとふ

アマテラスが天の石屋戸に籠もると、この女神を外に招き出そうと、アメノウズメは石屋戸の前に桶を伏せて置き、その上に乗って踊りはじめて、神がかり状態になった。天の石屋戸神話には、太陽信仰、鎮魂呪術など、さまざまな寓意が表現されている。『鮮斎永濯画譜』（国立国会図書館蔵）より。

るい立つのである。宮廷では毎年十一月（旧暦）の中の寅の日に、天石窟の前における天鈿女命が神がかりして所作を演じ、天照大神を招出した由縁に基づいた猨女君氏《さるめのきみ》の所作が演じられる。

つまり、鎮魂祭とは、遊離しようとする魂を心身につなぎとめようとする一種の呪術であり、それが「鎮め」の本義である。「慰める」というニュアンスはここにはない。

また、猨女君は、『古事記』によれば、天宇受売命の子孫である。したがって、天の石屋戸神話は、宮廷の舞楽に奉仕した猨女君氏の本縁譚にもなっていることになる。

折口信夫の鎮魂論

ところで、「鎮魂」は、「ちんこん」と一般には読まれているが、古くは「たまふり」と読むのが本来であり、その次に「たましずめ」の読みが生じた、つまり「鎮魂」には、「たまふり」と「たましずめ」の二義があるといわれる。

独特の鎮魂論を展開した折口信夫によれば、「たましづめ（鎮魂）」は本来は「たまふり（魂振)」と呼ばれ、外来の魂を付着させることが第一義であったという。この場合の「ふり（ふる)」とは振動の意味ではなく、外来魂が衝突あるいは憑依して接触する意味であるという。

そして、第二義として、身につけた外来魂を分割・分配することもまた「たまふり」と呼ばれようになった。これは「ふる」が発音的に「ふゆ（殖ゆ)」に変化し、また意味についても分化を起こして増殖の意味をもつようになかったからである。つまり、「鎮魂＝みたまのふゆ」という見方である。

さらに、衰弱して遊離しやすくなった魂を落ち着かせること、すなわちいわゆる「たましずめ＝鎮魂」が第三義として生じた。これは、中国で似たような行事を鎮魂と呼び、それが日本で「たまふり」とも訳されたためであるという（以上、「原始信仰」「大嘗祭の本義」)。『令集解《りょうのしゅうげ》』(貞観年間、八五九～八七七）に鎮魂祭に関して「布利《ふり》と称ふ由」と説明されていることは、この見方を裏付ける。

つまり、折口によれば、外来魂を身に着けて霊力を増そうとすることが日本本来の「鎮魂＝たまふり」であり、後になって、遊離しようとする魂を招いて身体に鎮めるという捉え方（鎮魂＝たましずめ）が生じた。

一般に、臨死体験の報告例では、体験者が病床や事故現場においてたおれている自分の姿を天井から見下ろしたり、あるいはどこか遠い場所に行って何かを見たり、誰かと会ったりする、いわゆる体外離脱の現象もしばしば付随して報告されている。これなどは、身体が衰弱したために魂が遊離して外界に飛び出してしまったと説明することもできるわけで、古代人の論理では、その場合、他者が「鎮魂＝たましずめ」を行うことによって身体に再びその魂を収め戻して蘇生させようとするということになるのだろう。

それに対して日本古来の「鎮魂＝たまふり」は、自ら憑依して霊威を増そうとする、アクティブな行為である。

また、折口によれば、「冬」もまた「殖ゆ」に通じ、古代の日本では、魂が人間の身体に付着しにくる時期が「冬」であり、したがって、元来冬祭りとは、外来魂を身につける鎮魂祭なのだという。となると、石屋戸に籠ったアマテラスというのは、霊魂を身に付けるべく忌ごもりする巫女の姿を暗示しているのかもしれない。

宮中鎮魂祭の実際

宮廷で鎮魂祭が行われた十一月の二回目の寅日（陰暦の冬至）というのは、古代・中世の大嘗祭あるいは新嘗祭（卯日）の前日にあたるが、これは、鎮魂祭が重大な祭祀に臨む天皇の霊魂の強化をはかるものととらえられていたことを物語る。とにかく、天皇にとって最も重要な祭祀儀礼である新嘗祭や大嘗祭の前日に、鎮魂祭が執り行われたことは、注目しておきたい。

史料上の所見は『日本書紀』天武天皇十四年（六八五）十一月二十四日条で、「是の日に、天皇の為に招魂《みたまふり》しき」とある。ちなみに、このとき、天武天皇は病を得ていたというので、天皇の衰えた魂を活性化させる（タマフリ）ためにマツリが行われたとみられる。

鎮魂祭の具体的な儀礼内容を記す最古の史料は、貞観年間（八五九～八七七）成立と考えられている『貞観儀式』である。

これによると、祭場は宮内省で、ここに神座を設け、大臣以下が参入。天皇の衣服（御衣）を納めた匣が内侍によって運び入れられる。続いて、神祇官の御巫《みかんなぎ》が宇気槽《うけふね》を伏せてその上に立ち、桙をもって槽を十回突く。宇気槽とは箱状のもので、この上に女官が乗って桙でそれを突く所作をするというのは、神がかりした天宇受売命が桶に乗って乱舞したという石屋戸伝説をなぞったものだとする説がある。

そして、折口信夫によれば、この鎮魂祭は、本来、威力ある霊魂を天皇に密着させるためのものであり、要するにタマフリの祭りであった。シャーマンとしての御巫は、桙で魂を呼び出し、その外来魂が天皇の化身である御衣に付着する、という構図だろう。

ところで、宇気槽の儀では、槽を突くごとに神祇伯（神祇官の長官）が木綿《ゆう》を結び、葛箱に納め、終わると、御巫・諸巫・猨女が舞う。「木綿結び」は、魂は肉体を離れて出て行ってしまうことがあるので、それをしっかりと肉体に結びつけておこうという古代の霊魂観を反映した儀礼であると考えられる。したがって、ここには、「たましずめ」としての鎮魂の要素も認められると言えようか。

宮中の鎮魂祭は十五世紀には廃絶したが、江戸時代に神祇伯白川邸で再興され、明治に入ると宮中三殿で新嘗祭の前日に行われるようになった。時代をへるにつれ、この秘祭は天皇の健康と長寿を祈るマツリととらえられていったようである。

物部氏系鎮魂法としての「御衣振動」

十世紀後半成立の『清涼記』『西宮記』などによれば、鎮魂祭では、宇気槽の儀と並行して、「御衣《みそ》振動」という神事も行われた。これは天皇の衣を入れた御衣筥の蓋を開け、神前にて女蔵人が振り動かすことで、祭神の霊力を御衣に、すなわち天皇に付着させる意図があると考えられる。

ここには、接触・付着させるという意味での「タマフリ」に加えて、「振り動かす」という意味での「タマフリ」の所作が現れているが、じつはこれは、アメノウズメ系とは異なる物部氏流の鎮魂法の特徴であるといわれる。

物部氏系の鎮魂法とは何か。

それを伝えるのは、『先代旧事本紀《せんだいくじほんぎ》』である。

『先代旧事本紀』は、序文に聖徳太子と蘇我馬子が撰したと記されているが、実際には平安時代初期の成立とみられている。そして、饒速日命《にぎはやひのみこと》に関する伝承を多く載せていることから、饒速日命を祖神とする物部氏の人物によって編纂されたものであろうと考えられている。『先代旧事本紀』は記紀と重複する内容を多く含むことから、偽書説が従来強く唱えられていたが、記紀にはみられない独自の記述もあり、記紀を補う重要な文献として、近年では再評価が進んでいる。

その独自の記述のひとつに、「天璽瑞宝十種《あまつしるしのみずのたからとくさ》」いわゆる十種神宝《とくさのかんだから》にまつわるものがある。同書の「天神本紀」によると、天照大神は、高天原から瓊瓊杵尊《ににぎのみこと》を地上に降臨させるに先立って、瓊瓊杵尊の兄にあたる饒速日尊《にぎはやひのみこと》に十種神宝を授けて降臨させた。十種神宝とは、「瀛都鏡《おきつかがみ》・辺都鏡《へつかがみ》・八握剱《やつかのつるぎ》・生玉《いくたま》・死返玉《よみがえしのたま》・足玉《たるたま》・道返玉《ちがえしのたま》・蛇比礼《へみのひれ》・蜂比礼《はちのひれ》・品物比礼《くさぐさのもののひれ》」であるという。これら十種神宝についてはその実物が伝えられておらず、その形状はさまざまに推測されているが、正体は不明と言わざるを得ない。ただし、その名称から、鏡、剣、玉、比礼の四種に分類することができる。比礼とは、薄く細長い布のことで、これを振ると呪力が発揮されると古代には信じられていた。

そして、「天神本紀」によれば、これら神宝を「一二《ひとふた》三《み》四《よ》五六七《いつむつなな》八《や》九十《ここのたりと》と謂ひて布瑠部《ふるへ》、由良由良《ゆらゆら》と布瑠部」、そうすれば、死人さえも生き返るのだという。「布瑠部、由良由良と布瑠部」とは、魂になぞらえられる神宝を揺り動かすことを表現しているとみられ、シャーマニスティックな所作をさしているのだろう。後世には、これらの文言そのものが一種の呪文としてとらえられている。これは、いわば天照大神から饒速日尊に秘伝された呪法である。

総じて言えば、古代人は、振動という現象に、霊魂を活性化させ、賦活する、非常に強い呪力があると信じたのだろう。そしてこの所作には、魂を増やすこと定着させること、つまりタマフリとタマシズメの両義がこめられているともいえるだろう。

さらに「天孫本紀」によると、饒速日尊の子の宇摩志麻治命《うましまじのみこと》が十種神宝を神武天皇に奉り、天皇が即位した年の十一月庚寅《かのえとら》の日に神宝を祀って天皇と皇后のために「鎮魂之祭」を行った。おそらく、ここで宇摩志麻治命は神宝を用いて「一二三四五六七八九十と謂ひて布瑠部、由良由良と布瑠部」という秘伝の所作を伴う呪法を行ったということなのだろう。すると、天皇は宇摩志麻治命に、「おまえの亡父の饒速日尊が天から授けられてきた天璽瑞宝をこの鎮めとし、毎年仲冬の中寅の日を例祭とする儀式を行い、永遠に鎮めの祭りとせよ」と詔したのだという。

また、「天皇本紀」の神武天皇の条には、宇摩志麻治命が十一月庚寅の日に十種神宝を捧げて天皇と皇后の御魂を崇め鎮め、長寿を祈ったのが「鎮魂祭」の始まりであると記され、さらに死人も生き返るという、十種神宝を「一二三四五六七八九十と謂ひて布瑠部、由良由良と布瑠部」とする所作は、「布瑠之言《ふるのこと》の本なり。いわゆる御鎮魂祭是その縁なり」と記す。

つまり、本来、宮中での鎮魂祭では、神宝を天皇の霊魂の形代とみなし、「一二三四五六七八九十……」などと呪文をとなえて「由良由良」と振り動かす神事、すなわち物部氏流鎮魂法が行われていたはずであり、それを簡略化したのが、「御衣振動」であったと想定することができる。

鎮魂とは、生者を活性化させるどころか、死者をも蘇生させようとする強力な呪法であったのだ。

また、折口によれば、呪言の「布瑠部」は「触れよ」の意であるという。だとすれば、物部流鎮魂法には、外来魂を付着させるという元来のタマフリも含意されていることになろう。

宮中鎮魂法は二段階で形成された

死人をも甦らせうるという「振動」を顕著なモチーフとする物部（あるいは、物部氏の氏神である石上《いそのかみ》神宮）流の鎮魂法は、『貞観儀式』の鎮魂祭の説明には記載がないので、律令制下の平安時代初期（九世紀）の時点では、宮中の鎮魂祭は、宇気槽の儀と木綿結びが主体であって、御衣振動は行われていなかったと考えられる。

そうすると、新嘗祭・大嘗祭の前日に行われた鎮魂祭は、槽を突く天宇受売命（外来魂の付着としてのタマフリ）系の鎮魂法が第一段階で、その後になって（おそらく十世紀後半頃）物部氏（石上神宮）系の鎮魂法（呪術性の強い「振動」としてのタマフリ）が加わり、整備され、第二段階の鎮魂祭が形成されたと考えられる。

このような鎮魂祭の変容は何を物語るのだろうか。

新谷尚紀『伊勢神宮と三種の神器』によれば、この変容は、九世紀後半から十世紀にかけての、律令制から摂関制へという政治体制の大きな転換と対応しているのだという。

(貞観・延喜以降の鎮魂祭の整備は)八世紀以来のいわば「律令鎮魂法」から新たな九世紀後期以降の呪術的な「石上鎮魂法」への転換であった。……その転換の画期は貞観元年(八五九)の幼帝清和の即位関連儀礼の時点にあったと考えられる。その新たな鎮魂祭により祭祀王としての天皇のあり方が宗教儀礼的に再編強化されていったのである。それは天皇が鎮魂祭により「外来魂」を自らに付着させて「内在魂」としそれを臣下に分霊付与するという仕組み、つまり、「たまふり・たまむすび・たましずめ・みたまのふゆ」という天皇を中核とする霊威力の吸収・増殖・分与という循環のメカニズムの完成を意味したのである。

つまり、平安時代前期、宮中の鎮魂祭には、天皇がタマフリによって外来霊魂を吸収し、タマムスビ・タマシズメによって霊魂を内在させ、ミタマノフユによってそれを増殖させ、さらには臣下に分与するというシステムが整備されていた、ということであろう。

そして言い換えるならば、律令制の確立と並行して形成されたアメノウズメ（記紀）系の鎮魂法によって支えられてきた天皇の鎮魂祭は、律令制の弱体化にともない、呪術性の強いニギハヤヒ（『先代旧事本紀』）系の鎮魂法によって補強された、ということでもあろう。

ところで、昭和天皇の御学友で、侍従を長く務めた永積寅彦は、昭和四十三年から十年間、掌典長《しょうてんちょう》（宮中祭祀を執り行う神職の長）も務めているが、回想録『昭和天皇と私』（学研、一九九二年）の中で、当時の宮中鎮魂祭について貴重な証言を残している。

それによると、鎮魂祭では、まず儀式の始めに、掌典（宮中祭祀の神職）が枝の先に鈴のついた小さい榊を降って鈴を鳴らし、警蹕《けいひつ》を唱える。警蹕とは、神事や天皇の出御などにあたって、先払いのために声をかけることで、「おー」とか「おーしー」などと言うそうだが、宮中鎮魂祭で実際にどんな声がかけられているかは不明である。

さらに永積は祭儀の実際について、こう述べている。


宮中では、天皇皇后両陛下、皇太后陛下、東宮同妃両殿下の「お玉の緒」と申すものを各御殿のお清《きよ》というところにご所蔵になっております。お清のところとは、両陛下の御殿で申しますと、剣璽の間がそれに当ります。そのお玉の緒と申すものには、おのおの十条の絹糸がついておりまして、毎歳の鎮魂祭に所役の掌典が十条の糸のそれぞれに一つずつの結び目をつくる「糸結びの儀」が行われます。また三陛下と両殿下のお手許からお玉の緒と共にお下げを願った「御衣」を所役の掌典が奉仕する「御衣振動の儀」というものがあります。

この二つが御儀の中心ではないかと思いますが、神慮を慰め給う大和舞のご奉納もあります。先程の警蹕とお鈴とは、天皇陛下からお一方ずつの「お玉の緒」と「御衣」とのお二つを所役の掌典一人が捧持して、お出ましの時と、お入りの時とに唱え、また振られるのでございます。

ここで説明されている鎮魂祭の「糸結びの儀」とは、古代朝廷の鎮魂祭において、アメノウズメ系の鎮魂法として行われていた「木綿結び」にあたるものであり、「御衣振動の儀」は、まさにニギハヤヒ系鎮魂法の「御衣振動」にあたる。つまり、この永積の証言によれば、近代皇室の鎮魂祭においても、「木綿結び」と「御衣振動」、すなわち、アメノウズメ系とニギハヤヒ系の二段階の鎮魂法が実践されていることになるのだ。

近代に復興された物部流鎮魂法

一方、物部流の鎮魂法は、宮廷とは別に、物部氏が司る石上神宮にも連綿と伝承された。中世以後の混乱によって石上神宮も勢力が衰え、それに伴って祭祀も一時途絶えた。だが、明治になって復興され、現在も新嘗祭の前日にあたる十一月二十二日に鎮魂祭が行われている。

復興された物部流の鎮魂法は、現在では、石上神宮のみならず、神社神道界全般でひろく実践されているが、それは大まかには次のような手順を伴う。

○「十種神宝祓詞《はらえことば》」を奏上する。これは、先述した「一二三四五六七八九十と謂ひて布瑠部、由良由良と布瑠部」という呪言を含むものである。
○十種神宝を思念しながら、「一、二、三、四、五、六、七、八、九、十」と唱える。
○からだを左右前後に振り動かして、深い呼吸を行う。

この行法が、古来の鎮魂祭のままであることはありえないが、往古のタマフリのなにがし

物部氏系の鎮魂法を伝える古社、石上神宮（奈良県天理市）。物部氏の氏神とされ、霊剣の神霊である、布都御魂神を祀る。

かは伝えているのだろう。ただし、現代の物部流鎮魂法は、天皇霊の賦活ではなく、まず行者本人の鎮魂を目的としていることに注意しておく必要がある。そのため、この鎮魂法は、自修鎮魂法とも呼ばれている。

また、これとは別の流れで、明治以後、鎮魂法は独自の神道霊学を打ち立てた本田親徳《ちかあつ》によっても再興された。『古事記』に、伊耶那岐命が天照大御神に高天原の統治を命じる際、御頸珠《みくびたま》の玉の緒を「もゆらに取りゆらかして」授けたという記述があるが、本田はこれを、御頸珠に霊魂を付着させて高天原の主宰たらしめたことと解し、ここに「鎮魂」の由来を見た。ゆらゆらと揺れ動く珠に、タマフリ、タマシズメの原像を見たのであろう。そして、神々の分霊を自身に迎えいただき、心身を充実させて整えることを、鎮魂の本義とみたのである。

また本田は、鎮魂を帰神（神霊の憑依）と連動させて、鎮魂帰神法を案出したが、鎮魂帰神法を本田の高弟長沢雄楯《かつたて》から学んで継承し、神道行法として確立し一般に普及させたのが、大本の出口王仁三郎である。

周知のように、大本は、戦前、二度にわたって当局から大きな弾圧を受け、王仁三郎は検挙されて有罪となった。これは急速に勢力を伸ばす大本の政治的な活動が警戒されたためであり、ひいては反天皇主義とみられたためである。

「鎮魂」という側面からみても、このことは当然の成り行きだったといえるかもしれない。というのも、王仁三郎は、本来は天皇専有のものであった秘伝の呪法を、タブーを犯して民衆に開放し、個人の心身を充実させる神道行法として普及させてしまったからである。

はらう――罪・穢れをあがなう

ここに、八百万《やおよろず》の神、共に議《はか》りて、速須佐之男命《はやすさのをのみこと》に千位《ちくら》の置戸《おきと》を負《おほ》せ、また、鬚《ひげ》と手足の爪とを切り、祓《はら》へしめて、神《かむ》やらひやらひき。

＊　＊　＊

神道で最も基本的な神事のひとつに、お祓《はら》い（修祓《しゅばつ》）がある。

神職が社頭で祓詞をとなえ、神饌や低頭した参列者の頭上に大麻《おおぬさ》（大幣、祓串《はらえぐし》）を左、右、左と振る。これによって供物や参列者の罪・穢れが祓い除かれ、清浄がもたらされるというわけだ。

現在、神社神道においては、正式参拝をはじめ、あらゆるマツリに先立って、お祓いが行われている。神前に立つにあたって、まずは何よりも祈りを捧げる側に清浄性が求められる、というのが神道祭式の基本テーゼになっているのだ。

ところで、現代のお祓いを見ていると、神職が振るう大麻は、まるで埃を払うハタキのような役割を担っているようにも映る。だが、それがほんとうに大麻の役目なのだろうか？

そもそも、このようなお祓いの祭式が整えられたのは、じつは明治時代に入ってからだという。

では、本来のお祓いとはどのようなものだったのか。

本来の「祓」とは贖い物を差し出すこと

お祓いの正式な言い方である「祓《はらえ》（祓《はらへ》）」とは、広義では罪・穢れ・災いを祓い去ることをさし、その中には禊も含まれる。これは、禊の項でも触れたように、祓と禊が、奈良時代からすでに混同されていたことに起因するが、繰り返すように、祓と禊は本来は区別されるべきものである。

そしてその本来の禊の、神話上の始原にあたるのが、伊耶那岐命が竺紫《つくし》の日向《ひむか》の橘《たちばな》の小《お》戸《ど》の阿波岐原《あわきはら》で行った禊である。

次に、本来の祓の、神話上の始原に位置付けられているのが、冒頭に掲げた、須佐之男命による祓である。

天照大御神が天の石屋戸から出現して高天原と地上世界に再び光が取り戻されると、天照大御神に乱行を働いた須佐之男命に対して、処罰が下されることになった。

そして、高天原の八百万の神は話し合った上、須佐之男命に「千位の置戸」を負わせ、彼の鬚と手足の爪を切り、「祓」を行わせて、彼を遠くに追放したのである。

ちなみに、『日本書紀』には、「諸《もろもろ》の神、罪過を素戔嗚尊《すさのをのみこと》に帰《よ》せて、科《おほ》するに千座置戸《ちくらおきと》を以てして、遂に促《せ》め徴《はた》る（徴収する）。髪を抜きて、其の罪を贖《あか》はしむるに至る。亦曰はく、其の手足の爪を抜きて贖ふといふ」（本文）、「罪を素戔嗚尊に科《おほ》せて、其の祓具《はらへつもの》を責《はた》る」（一書第一）とある。

「千位の置戸」とは何だろうか。『新潮日本古典集成・古事記』の頭注によれば、「位」は物を置くための設備、「置戸」は置く場所を意味し、したがって「千位の置戸」とは、多くの物を載せる台のことだという。一方、本居宣長『古事記伝』は、「戸」はここでは「物」の意であるとしている。両者を折衷すれば、千個の台の上に盛られたさまざまな宝物を表すといえようか。
つまり、須佐之男命は、鬚と手足の爪を切り、たくさんの宝物すなわち祓具を台に載せて差し出し、無一文になって罪を詫び、そして追放されたのである。このように、本来の祓とは、罪穢れを贖うための料としての祓具（祓物・祓柱・祓種《はらえぐさ》ともいう）を差し出すことが、必要であった。言い換えれば、犯した罪を捨て去るために物品を差し出して弁償するのである。

仲哀天皇記には、神の祟りを受けて筑紫の香椎宮《かしいのみや》で命を落とした天皇の「死」という穢れを除くために、「国の大ぬさ」を取り集め、国中の人々が犯した種々の罪を求め出し、「国の大祓」をしたと記されている。ここにある「国の大ぬさ」とは、罪・穢れを祓うために差し出す祓具のことであり、また、そのために国民から徴された料物のことであるという。

また、『日本書紀』雄略天皇十三年三月の条に、采女《うねめ》を犯した歯田根命《はたねのみこと》が「馬八匹・大刀八口を以て、罪過を祓除《はら》ふ」とあるが、これは馬や大刀を罪に対する祓具として差し出したということだろう。

折口信夫は、祓について、こう定義している。

祓へといふのは、穢れ又は、慎むべき事を冒した場合、又は彼方からして、穢れや慎むべき事がやつて来て、此方に触れた時に、其を贖《あがな》ふ為に、自分の持つて居るものを提供して、其穢れを祓ふ事である。神は、此贖ひ物を受けて、其穢れを清めて呉れるのである。(「大嘗祭の本義」)

つまり、自分の罪に相当する財物を差し出して弁償することが、祓の原型と考えられるというわけである。

贖い物としての祓具にみる原始呪術

だが、贖い物としての祓具はいいにしても、鬚や爪を切ることが、なぜ罪をあがなうことになるのだろうか。

たとえば、こういう考え方ができる。爪は、切った後もその人間の身体の一部であり、その爪を焼いたり刻んだりすれば、その人間を病に陥らせ、はては死に至らせることができると考えるのは、人類にある程度普遍的な民俗信仰で、ジェームズ・フレイザーはこれを感染呪術と呼んだ。切り離された人の爪や髪、あるいは着衣などに元の人間の霊力が付着しているので、それに呪文をかければ、相手に作用を及ぼすことができると信じられたのである。したがって、鬚や爪を切って差し出すことは、それを保有する者に、己の身体の自由を持たせることにもなるわけである。

また、鬚や爪を切り落とすことは、単純に、身体に付着していた罪・穢れを祓い落とすことを意図しているとみなすこともできる。すなわち身体の一部を削ぐこと、文字通り「身削ぎ」である。

現代でも、過ちを認めた者が、髪や鬚を剃って反省の意を示すことがあるが、その行為には、こうしたスサノオ的な発想と通じる面があるのかもしれない。

飛鳥時代には公的祭祀となっていた大祓

古代・中世、朝廷では六月と十二月に、大祓《おおはらえ》が恒例の神事儀礼として執り行われた。飛鳥時代に藤原不比等らによって撰修された『大宝律令』の「神祇令」に定例の公的祭祀として規定されていたとみられるが、それ以前の天武天皇の時代には、すでに臨時に施行されていた。

　大祓とは、大まかにいえば、国民の罪悪（天つ罪・国つ罪）の祓除を願うもので、『養老律令』（『大宝律令』とさほど差異がなかったと考えられている）の「神祇令」（養老令の注釈書『令義解《りょうのぎげ》』〔九世紀〕に収録）や『延喜式』によれば、まず中臣氏が御祓麻《みはらえのぬさ》をたてまつり、東西文部《やまとかわちのふひとべ》（東漢《やまとのあや》氏と西文《かわちのふみ》氏）が祓刀をたてまつって祓詞を読み、この儀式がすむと百官の男女が朱雀門の祓所《はらえど》に集合し、今度は中臣氏が祓詞（「中臣祓《なかとみのはらえ》」）を宣し、卜部《うらべ》氏が祓の所作をする。

　「中臣祓」は「大祓詞《おおはらえのことば》」とも呼ばれるが、この祝詞には、人間の犯した、あるいは人間がこれから犯すであろうさまざまな罪が列挙されていて、さらにその罪や穢れが、瀬織津比咩《せおりつひめ》・速開都比咩《はやあきつひめ》・気吹戸主《いぶきどぬし》・速佐須良比咩《はやさすらひめ》といった神の働きによって祓われてゆくプロセスが述べられている。

　このとき祓われる天つ罪・国つ罪は、須佐之男命の高天原での罪過になぞらえられ、また中臣氏が祝詞を読むとき、一同の前には「千座《ちくら》の置座《おきくら》」が置かれたが、これは須佐之男命の祓の際に用いられた祓具を載せる「千位の置戸」と同じものであろう。現代でも神事・祭礼の際に玉串などを載せるのに用いられる「案」に相当するとも考えられる。たてまつられる御祓麻や祓刀は、料物（祓具）を表現しているのだろう。

また、諸国にて大祓するときには、郡ごとに刀一口・皮一張・鍬一口及び雑物など、戸ごとに麻一条、国造は馬一疋を差し出すよう、「神祇令」には規定されている。

ところで、「御祓麻」は、オオヌサとも読まれるが、これは本来は、仲哀記にあった「大ぬさ」のように、料物（祓具）全般すなわち神に捧げる種々の供物を指していたと思われる。ところが、祭祀が形式化するにつれて祓具が簡略化し、供物の一部にすぎなかった木綿や麻、布帛が、「オオヌサ」の象徴として捧げられ、「大麻」「幣帛」と総称されるようになった。オオヌサの意味が狭くなっていったのである。これが、時代を経ると、大麻、幣帛といえば、より簡略化された祓具である榊や白木の棒に紙垂をつけた御幣を指すようになったのである。

ちなみに先に触れた、天武天皇の大祓の場合も、『日本書紀』天武天皇五年八月の条をみると、祓具として、国ごとに「馬一匹・布一常」、郡ごとに「刀一口・鹿皮一張・钁《くわ》一口・刀子一口・鎌一口・矢一具・稲一束」、また戸ごとに「麻一条」を差し出すよう詔が出されたという。

そして、この儀式によって神々が罪を消滅させてくれると考えられたわけだが、平城京や平安京でのその情景を思い浮かべてみると、百官や豪族たちの朝廷への帰属意識を高めることが大祓の重要な役割であったとも考えられよう。

神に捧げる幣物としての玉串が置かれた案。古代の祓では、絹・麻・木綿、あるいは刀、馬などが、料物（祓具）として神前に捧げられた。

神前に供えられた大麻。

また六月と十二月の晦日には、天皇自身が自らの体に対して祓を行った。これをとくに節《よ》折《おり》という。それは、天皇が御麻で自分の身体を撫でるというもので、この場合の御麻が祓具に相当するものである。身体を撫でたのち、侍従が竹を節の所で折り、天皇の身長をはかる。「節折」の節とは竹の節を意味し、「御世」の意が掛け合わされ、一種の寿言となっている。

「大麻」「御幣」は贖い物が呪具化したもの

朝廷での大祓においては、中臣氏は祝詞を神前で奏上するのではなく、参集者を前にして宣り聞かせるのが本来であった。

ところが、しだいに神前で奏上するように形式が変化していった。

またこれと並行して、大祓は、年二回の単独の祭祀として行われるだけでなく、心身を清浄にすることを目的に、さまざまな神事の前に「禊」とともに頻繁に執り行われるようになった。神道のすべてのマツリは、祓からはじまるといっても過言ではない。神々への祈願は、罪・穢れをあがない終ってからスタートするのである。

さらにこれと同時に、祭式も変容していった。

神前に捧げられる大麻・幣帛は、あくまでも罪を祓うための贖い物であったが、いつしか、それ自体が罪・穢れを祓ってくれる呪具とみなされるようになった。祓の際、参列者は大麻を引き寄せて自身の罪・穢れをそれに移し、そして川に流す。こうすることで、罪・穢れが祓われ、消滅するとみなされるようになったのである。古くは布帛を奉る際、串に挟んで奉ったが、この所作が連想を生み、大麻・御幣が罪・穢れを移し取ってくれるという観念が生じたのだろう。

これをより一層簡略化したのが、参列者の頭を神職が紙垂のついた大麻で左、右、左と振る「お祓い」なのである。ここでは、大麻は、罪・穢れを移し取ってくれる完全な呪具と化しているのだ。また、玉串も、これと似たような機能をそなえていると考えることもできるだろう。

大祓は日本の祓と道教的呪術との融合

ところで、大祓において、罪・穢れが移し取られた大麻が川に流されるという情景は、形代としての人形《ひとがた》や撫物《なでもの》を川や海、池に流す日本古来の習俗を想起させるものがある。平安時代以降、宮中では、三月の上巳の日（旧暦三月三日）になると、陰陽師に祓をさせ、人形で身体を撫ぜ、これを川に流す行事が行われた。上巳の祓と呼ばれるもので、これが三月の節供の流し雛のルーツである。

中国の漢代においても、三月上巳には「祓禊《ふっけい》」が年中行事として行われていた。これは、水辺に出て飲酒し、不浄をはらい、招魂の祭祀を行うものであったという。

また、「神祇令」には記載がみられないが、どうやら、すでに奈良時代から、大祓において人形が用いられていたらしい。

昭和五十五年（一九八〇）、奈良市の平城京壬生門跡の南から、二百七点もの人形が出土した。壬生門は、宮城正門である朱雀門の東隣にある門であり、人形が出土したのは、その門前の水が流れる溝の跡であった。そして人形は、それぞれ思い思いの方向を向いていて、あたかも投げ捨てられたかのようであったという。こうしたことから、これらの人形は天平年間の大祓に用いられたものであろうと考えられている（福永光司ほか『日本の道教遺跡』朝日新聞社、一九八七年）。

つまり、朱雀門に参集した百官が、生身の人間の身代わりに、大祓の儀式によって罪・穢れを移された人形を、大溝のなかに投げ込んだ。普通なら水で流されるはずだったが、その数があまりに大量であったせいか、溝中に滞留し、やがて埋もれてしまったと推測されるわけである。

また、平安時代の『延喜式』には、大祓で奉る幣《みてぐら》として、絹や麻などの布（狭義の幣帛）とならんで、「金・銀塗人像《ぬりのひとがた》」すなわち金・銀製の人形が挙げられている。『貞観儀式』では、「鉄偶人」「木偶人」が御贖《みあがもの》として用意されたと記されている。

したがって、およそこの時期までには、人形を水に流すことが、大祓において定式化していたのではないだろうか。そして、投げ捨てられた人形には、贖い物として差し出される料物としての面と、罪・穢れを移し取ってくれる呪具としての面の、二つが重ね合わせられていたのだろう。

ただし、大祓で人形を用いるのは、福永氏によれば、日本古来の習俗というよりは、中国道教の呪術に由来する面が大きいという。たとえば、人形を用いて呪詛するといういわゆる「厭魅《えんみ》の法」は、道教的呪術の典型である。したがって、律令下の大祓は、罪を贖うためにオオヌサを捧げるという日本の古俗に、人形を用いる道教的呪術が組み合わさったものと考えることもできる。

中国の祓禊や平安貴族の上巳の祓と大祓、あるいは投げ捨てられた人形とのあいだに直接的な影響関係を云々することは難しいが、それぞれが深い関係にあることは充分に考えられる。

そして、水に流される人形は、祓具を差し出した後、高天原から追放されて「神やらひ」された須佐之男命の姿のかすかな残影でもあるのだ。

ヒレを振る——巫女たちの呪い

ここに、その妻須勢理毘売命《めすせりびめのみこと》、蛇《へみ》のひれをもちてその夫に授けて云《の》らししく、

「その蛇咋《く》はむとせば、このひれもちて三たび挙《ふ》りて打ち撥《はら》ひたまへ」

かれ、教へのごとくせしかば、蛇おのづから静まりぬ。

＊＊＊

明暦三年（一六五七）正月十八日の昼下がり、江戸本郷の本妙寺で火事が起きた。

火はおりからの大風にあおられてたちまち燃え広がり、翌日にかけて湯島、駿河台、さらには日本橋、浅草門と下町を焼き払った。十九日も風と火の勢いはやまず、ついに火の粉は江戸城に及び、本丸は炎に包まれ、無惨にも天守閣が焼け落ちた。

これが明暦の大火である。江戸全市を類焼させたこの災禍で、焼死者は十万人に及んだといわれている。

明暦の大火は、一名「振袖火事」と呼ばれた。この別名には、こんないわれがある。十七歳の町娘梅野は、母と二人での菩提寺本妙寺への参詣の帰り、美しい寺小姓を見初めて一目ぼれ。しかし、恋煩いが昂じて食事ものどを通らない。病にかかり、ついには命を落としてしまう。

娘の棺には形見の紫縮緬の振袖が掛けられ、野辺送りのあと、親はその振袖を本妙寺に納めた。

ところが、本妙寺はこの振袖を古着屋に売り飛ばす。すると、この振袖を手に入れた娘も病死してしまう。歳も梅野と同じ十七で、振袖は梅野の祥月命日に本妙寺に納められた。寺はまたもこの振袖を売り飛ばしたが、手に入れた娘がやはり十七で亡くなり、梅野の祥月命日に本妙寺で葬式が営まれ、三たび振袖が寺に戻って来た。

寺の住職はさすがにこの不思議な因縁に驚き、大施餓鬼《だいせがき》を修し、振袖を浄火に投じて供養することにした。

ところが、住職が振袖を火の中に入れると、一陣の竜巻が舞い下り、火のついた振袖を本堂の真上に高々と吹き上げた。

たちまち本堂の軒先に火が燃え移り、紅蓮の炎は狂風にあおられて、ほどなく江戸市中に広がった——。

もっとも、この奇譚は、後世の創作による部分が大半らしい。

しかし、それでもこの話が人口に膾炙したのは、「振袖」が題材となっているからだろう。振袖が、物語にそこはかとない妖艶さを加えているのだ。

若い娘のからだを包んでいた艶やかな振袖が、風を受けて袂の長い袖をヒラヒラさせながら不気味に舞い上がり、持ち主に次々に凶禍をもたらし、最後は野獣が牙を剥いたかのようにして紅蓮の炎をまき散らす。帯や小袖では、こうは話は盛り上がるまい。

振袖には、妖気をもつ呪物（フェティッシュ）としての顔があるらしい。

呪具としてのヒレ

須佐之男命がいる根の国に赴いた大穴牟遅神《おおなむじのかみ》は、須佐之男命の娘須勢理毘売と出会うやたちまち恋に落ちて結婚する。ところが、須佐之男命は、娘婿の男らしさを試すべく、大穴牟遅神を蛇の潜む部屋に呼び入れて寝かせる。すると、新妻の須勢理毘売は、「蛇のヒレ」を夫に授け、「もし蛇が噛みつこうとしたら、このヒレを三度振って、打ち払うといいわ」と教える。

教え通りに大穴牟遅神がヒレを振ったところ、蛇は自然とおとなしくなった。

次の日の夜は、ムカデと蜂が潜む部屋で寝ることになったが、ここでも大穴牟遅神は娘須勢理毘売から授かった「ヒレ」を振って、難を逃れている。

「ヒレ」は、領巾、比礼、比例などと書かれるが、『新潮日本古典集成・古事記』の頭注によれば、「女性が肩にかけた薄い布」であり、「呪力を発揮すると考えられた」ものであるという。つまり、女性シャーマンが用いた一種の呪具と考えられる。天女が空を舞い飛ぶためにまとう「天の羽衣」がイメージに近いかもしれない。

『古事記』では、応神記の天之日矛《あめのひほこ》伝説のところにも、ヒレが登場する。

新羅の王子天之日矛は、赤玉から化成した美しい乙女を妻としたが、その妻は「祖国に帰る」といって逃げ、舟に乗って日本の難波に渡った。天之日矛は妻を追って難波に上陸しようとしたが、海峡の神がこれを阻んだため、迂回して但馬に上陸した。そして但馬に留まって妻をめとり、子をもうけた。天之日矛がこのとき携えてきた神宝が、珠二貫《つら》・浪振るヒレ・

浪切るヒレ・風振るヒレ・風切るヒレ・奥つ鏡・辺つ鏡の八種で、これらは出石《いずし》神社に神として祀られたという。ちなみに、天之日矛と日本での妻との間に生まれた子の子孫が神功皇后（応神天皇の母）であると『古事記』は記している。

天之日矛が新羅から将来した「浪振るヒレ・浪切るヒレ・風振るヒレ・風切るヒレ」とは、それぞれ、呪具として波を起こすヒレ・鎮めるヒレ、風を起こすヒレ・鎮めるヒレの意であろう。おそらく、古代において航海をする人間は、ヒレを振って波風を操る呪法を行ったのだろう。考古学者の森浩一は鏡や珠も、航海にまつわる呪具だろうと推測している（『記紀の考古学』）。神話学者の松前健も「これらの呪宝の機能はよくわかりませんが、風波を制御したり、晴雨を調節したりする験力・霊験な力があったようだ」としている（『日本の神話と古代信仰』大和書房、一九九二年）。

また、『古事記』では、この天之日矛伝説に続けて、神宝の娘、すなわち出石《いずし》神社の神の娘である伊豆志袁登売《いずしおとめ》（出石の乙女）に関する物語が綴られる。ヒレが女性シャーマンにふさわしい呪具であるとすれば、この乙女や天之日矛が追った妻（「難波《なにわ》の比売《ひめ》碁曾社《こそのやしろ》に鎮座する阿加流比売《あかるひめ》である」と『古事記』は注として付記している）には、ヒレの使用者・所有者としての女司祭者の姿が暗示されているようにも思え、そしてその姿の遠い先には、まぎれもなく女性シャーマンであった神功皇后の影もちらついているように思えてくる。
また、雄略記には、天皇の皇后への返歌に

ももしきの　大宮人は
鶉鳥《うづらとり》　領巾《ひれ》取りかけて

とある。「ももしき」「鶉鳥」は枕詞で、酒宴の折、大宮に仕える女官（采女《うねめ》）が肩にヒレをかけていたことがわかる。

『日本書紀』『先代旧事本紀』にみるヒレ

他の古典からもヒレの例を拾ってみたい。

『日本書紀』崇神天皇十年九月の条に、謀反をたくらむ武埴安彦《たけはにやすぴこ》の妻吾田媛《あたひめ》が、倭の香山《かぐやま》（天香山）の土を取り、それをヒレのはしに包んで「この土は倭国の物実《ものしろ》」と祈ったという記述がある。ここではヒレは振られてはいないが、地霊の宿る土を包むヒレは、包まれたものを聖別する役割を果たしているととらえることができるだろう。

欽明天皇二十三年の七月条でもヒレが触れられている。朝鮮半島に渡って新羅の捕虜となった調吉士《つきのきし》伊企儺《いきな》は、最後まで降伏せず、「新羅の王、わが尻を食え」と叫んで殺された。諸将は勇猛な伊企儺を惜しみ、捕虜となっていた彼の妻の大葉子《おおばこ》は、その悲しみをこう歌った。

韓国《からくに》の　城《き》の上に立ちて　大葉子は　領巾《ひれ》振らすも　日本《やまと》へ向きて

婦人が異国の城の上に立ち、故国に向けてヒレを振るというこの場面は、故国への惜別を表現しているとふつう解釈されているが、ヒレを振ることで夫の霊を鎮撫しているとも考えられよう。

『先代旧事本紀』「天皇本紀」には、「たまを鎮める」の章ですでに触れてあるが、物部氏の祖神である饒速日尊《にぎはやひのみこと》が天神から授かった「十種《とくさ》の神宝《かんだから》」として、「瀛都鏡《おきつかがみ》・辺都鏡《へつかがみ》・八握剱《やつかのつるぎ》・生玉《いくたま》・死返玉《よみがえしのたま》・足玉《たるたま》・道返玉《ちがえしのたま》・蛇比礼《へみのひれ》・蜂比礼《はちのひれ》・品物比礼《くさぐさのもののひれ》」が挙げられている。つまり、鏡・剣・玉、そしてヒレである。さらに、これらの神宝を呪詞を唱えて振り動かせば、たちまち邪気が祓われ死人も蘇るという。ここでのヒレは、大穴牟遅神の神話と同様に、振り動かすべき呪具としてイメージされているのだろう。

これも「たまを鎮める」の章で触れたが、新嘗祭の前夜に宮中で行われた鎮魂祭では、遊離する天皇の霊魂を身体の中府に鎮める呪術的儀礼「みたましずめ」が行われたあと、掌典が御衣《みそ》をささげて神前に進み、左、右と十回振り動かす。これが「みたまふり」であり、「みたましずめ」によって天皇の中府に鎮めた霊魂を振い起こし、その霊力を再生・強化する呪術的儀礼である。そして、御衣を十回振るのは、饒速日尊の息子宇摩志麻治命《うましまじのみこと》が父から伝えられた「十種の神宝」で神武天皇のために鎮魂を行った故事に由来するとされる。だが、御衣を振り動かすのは、ヒレを振り動かすことの、ある種のデフォルメとも考えられよう。

『播磨国風土記』のヒレ説話と倭建命伝説

『風土記』にもヒレをモチーフとする説話を見出すことができる。

『播磨国風土記』「賀古《かこ》郡」には、ヒレ墓説話が載る。

大帯日子命《おおたらしひこのみこと》（景行天皇）が、印南別嬢《いなみのわきいらつめ》に求婚するため、剣に勾玉、鏡を身につけて賀古郡にやって来る。しかし、別嬢は天皇が来ることを聞くと畏れかしこみ、ただちに海の小島に逃げ隠れるが、天皇は居場所を探し当て、島に渡ってついに別嬢とお逢いになった。そして、印南の六継《むつぎ》の村で密事《むつびごと》を行い、南の高宮に遷り、その次に城宮に遷り、そこで結婚の儀式を挙げた。

その後、年をへて、別嬢はこの宮で薨じる。墓を日岡《ひおか》に作り、ここに葬ろうと遺骸を捧持して印南川を渡っていると、大きなつむじ風が吹いてきて遺骸を川の中に巻き入れてしまった。探したが屍は見つからない。わずかに形見として櫛箱とヒレを見つけることができただけだった。そこで、この二つを墓に葬った。そのため、この墓は褶墓《ひれ》と呼ばれるようになった。

天皇は深く悲しみ、「この川のものは食うまい」と誓った。こういうわけで、その川の年魚《あゆ》は御贄《みにえ》(天皇の食料)には進上しないのだ――と『播磨国風土記』は後日譚も記している。

景行天皇の妻となった別嬢は、『古事記』には井那毘能大郎女《いなびのおおいらつめ》と書かれ、天皇とのあいだに小碓命《おうすのみこと》すなわち倭建命《やまとたけるのみこと》を生んでいる。

『古事記』の倭建命東征伝説では、倭建命が相模国から、波の荒い走水《はしりみず》の海(浦賀水道)を渡ろうとしたとき、彼の后である弟橘比売《おとたちばなひめ》が身を捨てて海に飛び込み、荒波を静める。倭建命は無事海を渡ることができたが、弟橘比売の亡骸は見つからず、七日後になって彼女の櫛が海辺に流れ着いた。墓が作られ、その中には遺骸の代わりに櫛が収め置かれた。

弟橘比売のこの説話は、遺骸が失われる、形見の櫛（櫛箱）が見つかる、墓には遺骸の代わりに形見が葬られる、といった点で、『播磨国風土記』のヒレ墓説話と共通するところがある。倭建命の母親にまつわる彼女の出身地播磨に伝わる逸話が、『古事記』に換骨奪胎されて倭建命の后の挿話として採用されたとは考えられないだろうか。だとすれば、『古事記』の弟橘比売譚の原話に、形見として櫛だけでなくヒレも海辺に漂着するというバージョンがあったとしても不思議ではなかろう。

興味深いことに、弟橘比売の御陵の伝承地のひとつである千葉県木更津市の吾妻《あづま》神社の縁起では、流れ着いたのは櫛ではなく、着物の袖だったということになっている。東京湾の東側一帯、船橋から木更津にかけての沿岸を、古くは袖ヶ浦と称したが、吾妻神社の袖伝承は、袖ヶ浦の地名起源譚にもなっている。

ここでちょっと視線を朝鮮半島に移してみる。

韓国には巫女が神降ろしを行うシャーマニズムの民俗が現在まで残っている。彼女たちが行う土俗的な祭儀は「クッ」と呼ばれるが、その際、巫女は長衫《ちょうさん》を着用する。

巫女が着る長衫は、腕よりもずっと長い袖をつけた服のことで、巫女は、音楽に合わせて、長衫の袖をひらめかせながら舞い踊って憑依状態になり、神託を下す（崔吉城『朝鮮の祭りと巫俗』第一書房、一九八〇年）。また、韓国のシャーマニズムでは、巫女が着用する服（巫服）には、神霊が早く降りるようにする呪力があると信じられているという。

長衫は、日本の振袖にちょっと似ているが、振袖は腕に対して垂直の方向に丈が長い。舞い踊る巫女とともにヒラヒラと揺らめく長衫の長い袖には、日本の乙女たちの肩に掛けられたヒレを彷彿とさせるものがある。袖ケ浦に流れ着いた弟橘比売の服の袖は、ヒレのパラフレーズなのかもしれない。

『肥前国風土記』のヒレ振り説話

『肥前国風土記』には「ヒレ振りの説話」がある。

宣化天皇の時代、朝鮮半島の任那に派遣されることになった大伴《おおともの》狭手《さで》彦連《ひこのむらじ》は、肥前国の松浦郡《まつらのこおり》までやって来ると、絶世の美女であった篠原村の弟日姫子《おとひひめこ》を妻問いして結婚した。そして、いよいよ狭手彦が船出して任那に渡ろうとしたとき、弟日姫子は山（佐賀県唐津市の東、虹の松原の南の鏡山）に登り、ヒレを振りながら別れを惜しんだ。このことによって、その山は褶振《ひれふり》の峰と呼ばれることになった。

『肥前国風土記』のヒレ振りの説話は、まだ続きがある。

狭手彦と別れてから五日後、弟日姫子のもとに夜毎男が訪れるようになった。男は共寝して、暁には帰って行く。男は狭手彦とそっくりだった。不思議に思って比売は、ひそかに麻の糸を男の服の裾につなぎ、糸をたどっていくと、褶振の峰の沼のほとりに寝ている蛇のところに行き着いた（この辺りは、活玉依比売《いくたまよりひめ》が男の衣に麻の糸を縫い付け、糸をたどってゆくと、蛇を化身とする大物主神のもとにたどり着いたという、『古事記』の神婚伝説とよく似ている）。

するとと蛇はたちまち人と化し、こう歌った。

姫よ、一夜寝たら、家に下し帰そう

これを見ていた姫の侍女は驚き、親族たちのもとに走って、ことの次第を告げる。親族たちは峰に登って見回したが、蛇と姫の姿はなかった。そこで、沼の底を見ると、人の死体があった。一同はこれを姫の遺骸だと思い、やがて峰の南に墓を作ってそれを納め置いた。

弟日姫子は、戦に向かう恋人を引き戻そうとしてヒレを振って呪いを掛けたのに、引き寄せたのは蛇で、しかも自分の命まで落としてしまったわけである。褶振の峰の沼の蛇は、山の神の化身であろう。美女を神の贄とした人柱伝説のパターンでもある。

そして、この話は、ヒレを用いる巫女の零落した姿を暗示していると読み解くこともできるだろう。

『万葉集』にみるヒレ振り

弟日姫子は『万葉集』では松浦佐用比売《まつらさよひめ》という名で登場する。巻五の〔八六八〕以下に、山上憶良《やまのうえのおくら》らが佐用比売を詠んだ和歌六首があり、ここにはヒレ振りの説話も紹介されている。そして、この和歌のうち、五首にヒレが詠まれている。

松浦県佐用比売《まつらがたさよひめ》の子が領巾振りし　山の名のみや聞きつつ居らむ（五・八六八）

遠つ人松浦佐用比売夫恋《つまごひ》に　領巾振りしより負へる山の名（五・八七一）
山の名と言ひ継げとかも佐用比売が　この山の上《へ》に領巾を振りけむ（五・八七二）
萬代に語り継げとしこの嶽《たけ》に　領巾振りけらし松浦佐用比売（五・八七三）
海原の沖行く船を帰れとか　領巾振らしけむ松浦佐用比売（五・八七四）

夫の別離を悲しむ佐用比売が、必死になってヒレを振っている情景が詠まれていて、呪具としてのヒレが、ここでは、切ない恋物語を演出する小道具へと完全に変身を遂げているようにみえる。しかし、佐用比売は、ヒレを振ることで、夫の魂を呼び戻そうとしていたともいえるだろう。

また、柿本人麻呂が妻の死を悲しんだ「泣血哀慟歌《きゅうけつあいどう》」には、「白細《しろたへ》の　天領布隠《あまひれがく》り」という表現が重ねて見え（二・二一〇、二一三）、妻が、真っ白な天人が使うような美しいヒレに包まれて逝ってしまったとロマンチックに詠みあげている。

巫女が用いる呪具・聖具であったはずのヒレが、『万葉集』においては、その本来の役割が忘却され、男女のはかない愛と別れの情景を象徴する装飾品へとすっかり変貌してしまっている。

余談だが、弟橘比売の袖ヶ浦伝説のところで触れたが、ヒレと袖には類縁性がある。袖を振ってヒラヒラさせることは別れを惜しむしぐさとされ、別れの合図をすることを指して「袖を振る」などという言葉もあるが、このしぐさはヒレを振ることにルーツを求められるのではないだろうか。

大嘗祭の「天の羽衣」とヒレ

ヒレが天女が着る「天の羽衣」を彷彿とさせることは、先に触れた。

羽衣とは天上を飛ぶ霊力をもつという薄い衣で、天女が下界に降りてきて羽衣を松の枝にかけたところ、人間にそれを奪われ、そのために天女は天に帰れず、やむをえず人間の妻になる——というのが日本各地に広く残っている羽衣伝説のパターンである。つまり、天の羽衣を脱ぐと人間になってしまうが、それを着けると霊力を得て神女となるというわけである。

天皇の皇位継承儀礼の中枢をしめ、古来国家的祭儀として重んじられてきたのが、即位後の最初の新嘗祭として行われる大嘗祭である。興味深いことに、この一世一度の秘儀のおり、天皇は「天の羽衣」をまとうのだという。

式次第を詳細に記した『延喜式』巻第七「践祚《せんそ》大嘗祭」によると、十一月の中の卯の日の夜、天皇は仮設された大嘗宮に入御する。

戌時（午後八時ごろ）、天蹕《てんひつ》始めて警し、廻立殿《くわいりふでん》に臨む。主殿寮《とのもれう》御湯《おんゆ》を供奉せよ。即ち祭服を御して大嘗宮に入りたまふ。

天皇は廻立殿で沐浴をすませた後、祭服に着替えて、祭儀の中核である悠紀《ゆき》・主基《すき》両殿の儀に臨むのである。平成の即位礼・大嘗祭の実際を記録した鎌田純一『平成大禮要話』（錦正社、二〇〇五年）は、「この御祭服は最も清浄なる御服、純白生織《すずし》の絹地で奉製されている」と記している。

この廻立殿での沐浴について、十世紀の有職故実書である『西宮記《さいきゅうき》』はこう記す。

大鑊を以て御湯を沸し、両国船を進む、天皇天の羽衣を着し、之を浴すること常の如し。（巻十一）

という。

「両国船を進む」とは、悠紀《ゆき》・主基《すき》の斎田に卜定された二国が浴槽を調進するという意味だという。

十二世紀初頭に大江匡房《おおえのまさふさ》が著わした有職故実書『江家次第《ごうけしだい》』にも、大嘗祭の廻立殿での天皇の沐浴のところで、「天の羽衣を着して御湯を供す」(巻十五)と書かれている。すなわち、天皇は大嘗祭のクライマックスを前にして、「天の羽衣」を着て沐浴して身を清め、しかる後、改めて祭服に着替えたということである。

現代では風呂に入るときは素っ裸で入るのが当たり前であるが、江戸時代までは、男女ともに、腰に湯巻を巻いて入浴するのがふつうであった。貴人であればなおのことである。

高取正男『神道の誕生』(平凡社、一九七九年)は、天皇が廻立殿での沐浴の折に身に着けた「天の羽衣」は湯帷子《ゆかたびら》や湯巻のようなもので、それは、「それを身につけるとつけたものが聖性を獲得するような浄衣であり、聖なる戒衣、忌衣というべきものだろう」と論じている。天皇は、秘儀を直前に控え、「天の羽衣」を身に着けることで、世俗的な「ケ」の世界と完全に決別し、聖なる世界に飛翔するというわけである。

天の羽衣がヒレのデフォルメであるとするならば、呪具としてのヒレは、皇位継承の祭祀の深奥にまでじつは入り込んでいたということになろう。

八幡神のハタはヒレの変形か

ヒレにはまだバリエーションがある。

国東半島の宇佐神宮（宇佐八幡宮）を淵源とする八幡信仰は、皇室の祖先神（応神天皇）や武神とされたことで中央さらには全国に広まり、現在では全国各地にあまねく八幡神社・八幡宮が見受けられるようになっているが、その初期の歴史や信仰の実態については、謎の部分が多い。

社伝では、草創の縁起はおおむね次のようになっている。

欽明天皇の時代、御許山《おもとさん》（現在宇佐神宮の奥宮大元神社が鎮座する）に八幡神がはじめて顕現した。同天皇三十二年（五七一）に現本殿のある亀山の麓の菱形池《ひしがたいけ》の辺りに神霊が顕れ、「われは誉田天皇広幡八幡麻呂《ほむたのすめらみことひろはたのやはたまろ》なり」と告げたので、これを祀ったのが宇佐神宮のはじまりだという。誉田天皇とは応神天皇のことである。

その後、数度の遷座の後、神亀二年（七二五）、現在地の亀山に造立されたのが第一之殿であるという。

一方、研究者のあいだでは、宇佐に住み着いた渡来系氏族である辛島《からしま》氏が祀っていた八幡神への信仰に、大和からやって来た大神《おおが》氏が応神天皇と神功皇后の伝承を持ち込み、さらに宇佐土着の豪族宇佐氏の聖地であった御許山の神への信仰も融合して宇佐八幡宮が形成された——とみるのが定説の位置を占めている。ただし、近年では、応神天皇の伝承が持ち込まれて応神＝八幡神説が確立されたのは、平安時代初期を過ぎてからのことではないかとする説も出されている（飯沼賢司『八幡神とはなにか』角川文庫、二〇一四年）。

八幡神の形成を正確に突き止めることは困難だが、いずれにしても、この謎めいた神の発生には、渡来系の信仰がからんでいるのは間違いないようである。また、宇佐八幡宮には奈良時代のはじめには弥勒寺という神宮寺が建立されて早くから神仏習合が進んでいたが、これは、国東半島には朝廷への仏教公伝に先んじて、古くから仏教が朝鮮半島を介して流入していたことと関係しているとみられる。

ここで注目したいのは、「八幡」の語義である。八幡は、古くはハチマンではなくヤハタと読まれていたらしい（中野幡能、上田正昭）。菱形池の辺りで託宣した八幡神が「広幡八幡麻呂《ひろはたのやはたまろ》」と名乗ったと伝わっていることからも、このことは明らかだという。

そしてハタについては、朝鮮語で海を意味するパタ、畑のハタと解するなど、諸説あるが、有力なものに、神霊の依り代となる「幡《はた》」に由来するとする説がある。つまり、「八つの幡」

である。

前記した草創縁起の典拠のひとつとなっている『八幡宇佐宮御託宣集』（一三一三年成立）によれば、欽明天皇の御代、不思議な鍛冶翁が現れた菱形池の辺りで大神比義《おおがのひぎ》が五穀を断ち、三年祈っていると、同天皇三十二年二月十日、三歳の小児が出現し、竹の葉の上でこう述べた。


辛国城《からくにのしろ》に始めて八流《やつながれ》の幡と天降りて、我は日本の神と成れり。


さらに小児は「我は是れ日本人第十六代誉田天皇広幡八幡麻呂なり、我が名をば護国霊験《ごこくれいげん》威力神通大自在王菩薩《いりょくじんつうだいじざいおうぼさつ》と曰ふ」と称したというのだ。

「八流の幡」とは何だろうか。

道教学者の福永光司によれば、幡とは古代中国で用いられた神仙を招くための依り代で、道教教典『大洞真経三十九章経』には、「幡は玉帝の戦旗で、神仙を招き、四海五岳の神々を呼び寄せ、指図する旗」とあるという。また、『八幡宇佐宮御託宣集』には、「昔、吾は震旦《しんたん》国の霊神であった」という八幡神の託宣も記されている。震旦とは古代中国の別称である。したがって、八幡神は、中国の民族宗教である道教の神に由来すると福永は論じている。そして、「八流」とは、たくさんの幡が掲げられたことを意味しているのだろう。また、道教では「八」は、天地宇宙全体を象徴するという。

つまり、八幡神は、天に捧げられた、神霊の依り代である「旗」に降臨し、日本に出現したのである。幡＝旗とは、シャーマンの呪具であるともいえよう。

巫女と「八流の幡」

『肥前国風土記』には、呪具としての幡の姿がリアルに描かれている。「基肄《き》の郡」の「姫社《ひめこそ》の郷」の条に、次のような説話が記されている。

姫社の郷を流れる山道《やまじ》川の西に荒ぶる神がいて、路行く人の多くが殺害された。そこで、この神がどうして祟るのかそのわけを占って尋ねると、「筑前の国宗像《むなかた》の郡の人珂《か》是古《ぜこ》にわが社を祭らせよ。もしこの願いが叶えられたら、荒ぶる心は起こさない」とお告げがあった。

そこで、珂是古という人を探し出して神の社を祭らせると、珂是古は幡を捧げて祈り、「誠に私の祭祀を欲しているのならば、この幡は風のまにまに飛んで行って、私を願っている神のもとに落ちよ」と言い、幡を高く挙げて風のまにまに放ちやった。するとその幡は飛んでいき、御原《みはら》の郡の姫社の杜に落ち、さらにまた飛んで帰って来て、この山道川付近の田の村に落ちた。

珂是古はこれによって自ずから神のおいでになる場所を知った。

その夜の夢に、臥機《くつびき》と絡垜《たたり》（機織りの機械や道具のこと）が舞をしながら出てきて、珂是古を襲って驚かした。

そこで、この荒ぶる神が女神であると知り、社を建てて祀った。

これより後、路行く人が殺されることはなくなった。

そういうわけでこの社を姫社といい、今は郷の名となっている。


宗像郡の珂是古は、『先代旧事本紀』「天孫本紀」の物部阿遅古連公《もののべのあじこむらじのきみ》（水間君《みぬまのきみ》らの祖）に比定されるという。水間君は、『日本書紀』では筑紫の水沼君と記され、神代の天照大神と素戔嗚尊の誓約《うけい》の箇所（第六段）の一書第三には、水沼君は宇佐に降り立った宗像三女神を「海の北の道の中」(筑前の海の北方）に道主貴《ちぬしのむち》（道中の神）として祀ったとある。つまり、宗像大社の神官の一族ということである。

「臥機と絡垜」は、朝鮮半島からもたらされた機織りの技術を擬人化したものとみるべきで、朝鮮系の女神の姿が暗示されているのだという。

この説話には女神が鎮座する「姫社」というのが二カ所登場するが、まず、珂是古の幡が最初に落ちた「御原の郡の姫社の杜」は福岡県小郡市の媛社《ひめこそ》神社に比定される。小郡市はかつて御原郡に属し、媛社神社は現在、織姫神を祀り、七夕神社とも称されるが、このことは珂是古の夢に臥機と絡垜が現れたことと符合する。

つぎの、この説話の主題である、珂是古が建てたという「姫社の郷」の「姫社の社」は、佐賀県鳥栖市の姫古曾神社に比定される。近世には八幡宮と呼ばれていたらしいが、古くは織女神社とも呼ばれていた。織女とは、珂是古が幡で招き降ろした女神のことであろう。もともと宗像の女神を鎮祭していた珂是古は、御原郡の「姫社」に坐す荒ぶる女神を巫具である「幡」に依り憑かせ、さらにその神霊を姫社郷の「姫社」に招き降ろしたわけである。

シャーマンである珂是古が幡を操る様は、八幡神が「八流の幡」によって天降った情景とオーバーラップしてくる。

ヒメコソ神社を介した八幡神とヒレのリンク

では、「ヒメコソ」という神社の名には、どんな秘密が隠されているのだろうか。

場所は大きく隔たるが、ヒメコソ神社の伝承は、先に触れたように、『古事記』にもある。新羅からやって来た天之日矛の妻阿加流比売を祀った、「難波の比売碁曾社」である。現在、大阪市東成区に、下照比売命《したてるひめのみこと》を祭神とする、同名の神社が鎮座している（比売許曽神社）。

また、『日本書紀』垂仁天皇二年の条には、新羅からやって来た童女を祀った社として、難波の比売碁曾社と、もうひとつ、豊後国国東の比売碁曾社が挙げられている。後者は、大分の姫島に鎮座する、比売語曾神社である。

なお、『日本書紀』によれば、崇神天皇の御代、大伽羅国《おおからのくに》（朝鮮南部）の王子都怒我阿羅斯等《つぬがあらしと》は、この童女を探し求めて東に向かい、日本の越国《こしのくに》にやって来て、角鹿《つぬが》（福井県の敦賀）に上陸したという。天之日矛伝説とよく似ているが、こちらは気比《けひ》神宮の縁起になっている。

『肥前国風土記』と記紀に見えるヒメコソ神社は、このように朝鮮半島からやって来た女神を祀っているという点で共通している。地域的には、難波のものを除けば九州北部ばかりである。ただし、大阪の比売碁曾神社は、朝鮮から九州・瀬戸内海をへて畿内に向かう航路の終着点に位置しているとも考えられる。そして、現在では祭神はとりどりになっているが、本来は同一の女神を祀ったものであろう。

ちなみに、コソとは「神社」の古訓のひとつでもあるが、もとは古代朝鮮語で、「〜様」「〜殿」を意味する尊称であるともいわれる。

このような一連の事柄から、幡、神降ろし、女神、道教、朝鮮、といったキーワードが結びついてくる。すると、ヒメコソの女神とは、「幡」を操った道教系・渡来系の女性シャーマンを神格化したものではないか――という見方も可能になってくるのである。

そして、ヒメコソ神社を介して、八幡神の原像である「幡」が、阿加流比売＝ヒメコソ女神を追って日本にやって来た天之日矛が携えてきた「ヒレ」と、リンクしてくるわけだ。

つまり、幡とは、ヒレのバリエーションのひとつではないか、ということである。

ところで、八世紀はじめに成立した記紀には、宇佐八幡宮については全く言及されていない。

一方、八幡神が九州から中央に進出し、朝廷の信仰を得るのは、八世紀なかばからのことである。天平勝宝元年（七四九）、東大寺の大仏建立に天神地祇を率いて協力することを託宣したという八幡神の憑坐《よりまし》となった巫女を乗せた神輿と宇佐の神職団一行が、平城京に入京し、巫女は聖武太上天皇、孝謙天皇とともに大仏を拝礼した。これを機に東大寺に八幡神が守護神として勧請され、これを足掛かりに八幡信仰が朝廷内に浸透する。「出家した神」であり、神仏習合の体現とみなされた八幡神は権力者たちを虜にし、やがて日本全国に八幡神は勧請されてゆく。そして、朝廷の八幡信仰の中心となった石清水八幡宮は「第二の宗廟」とも称され、天照大神に代わりうるような、強力な皇室の守護神として尊崇されるようになってゆく。

須勢理毘売から授けられて大穴牟遅神が駆使した呪具としてのヒレは、いつしかロマンチックな男女の別離を演出する小道具へと姿を変えたが、それと入れ替わるようにして、女性シャーマンの巫具である「幡」を内包した八幡神が、出現したわけである。

松浦佐用比売が振り放ったヒレは、宇佐の八幡神のもとに幡となって飛び落ち、さらにそれは奈良へと飛んで行って、都に落ちたのである。

ところで、倭建命の后弟橘比売の袖ヶ浦伝説のところで触れたように、和服の袖や朝鮮の女性シャーマンが用いる袖の長い長衫は、ヒレのバリエーションと考えることができる。

このリストには、渡来系の女性シャーマンが降神に用いた幡、そして江戸の町娘梅野の棺を覆った振袖をも加えることができよう。江戸を惨禍に陥れた火事は、巫女という主を失って零落し、忘れ去られたヒレが巻き起こした、「呪《のろ》い」なのかもしれない。

火を切る――継承の呪術

出雲の国の多芸志《たぎし》の小浜《をばま》に、天《あめ》の御舎《みあらか》を造りて、水戸《みなと》の神の孫《ひこ》、櫛八玉《くしやたま》の神、膳夫《かしはで》になり、天の御饗《みあえ》を献《たてまつ》る時に、禱《ほ》き白《まを》して、櫛八玉の神、鵜《う》に化《な》り、海の底に入り、底のはにを咋《く》ひ出で、天の八十《やそ》びらかを作りて、海布《め》の柄《から》を鎌《か》りて、燧臼《ひきりうす》に作り、海蓴《こも》の柄もちて、燧杵《ひきりぎね》に作りて、火を鑽《き》り出でて云ひしく

＊　＊　＊

出雲大社の宮司を「出雲国造《いずもこくそう》」と呼ぶ。出雲国造の初代は天照大御神の御子、天穂日命《あめのほひのみこと》（天菩比神）と伝えられ、その地位は天穂日命の子孫を名乗る一族によって世襲された。また、その一族は「出雲臣《いずものおみ》」を氏姓とし、出雲大社の祭祀を司るだけでなく、出雲国をも統治

した。出雲臣氏は中世に千家家と北島家に分裂したが、分裂後も両家はそれぞれ出雲国造を名乗り、それは現代にまで続いている。出雲国造家が、天照大御神の末裔とされる天皇家に並ぶ日本の名家と評される所以である。

出雲国造は、出雲大社に祀られる大国主命に仕える祭司として、今なお古式に則った神事の数々を執り行っているが、それらの神事の根底にあって、出雲国造を特徴づけているのは、「火」に対する深い信仰である。国造は、その職を相続する際、臼と杵を用いる原始的な方式によって火を鑽《き》り出すが、その神火は、国造職のシンボルとして、以後、厳重に保たれる。第八十二代出雲国造の千家尊統《たかむね》はこう記している。

ひとたび鑽り出したその火は、その国造在世中は国造館内の斎火殿（お火所《ひどころ》とよぶ）できびしく守り、これを絶やしてはならないとしている。国造は終生この神火で調理したものを食べ、家族といえどもこれを口にすることは許されない。これを口にすると、口の病にかかるといわれている。こうして天日穂命は、神代以来永遠に生き通し、不朽の生命を保って出雲大社の祭祀にあたってきているのである。（『出雲大社』学生社、一九六八年）

このような厳重な神火による潔斎は、平成の現代においても続けられている。
そして、この神火の原像もまた、『古事記』の神話に求めることができるのだ。

出雲国造は「火」によって継承される

先に触れたように、出雲国造の職を継承することは、「火」の継承からはじまる。その儀式を「神火相続《しんかそうぞく》」あるいは「火継ぎ」という。
国造は、一度就任したら終身まで務めるのが原則である。そして、国造が亡くなると、神火相続がはじまる。

国造が死去（神避《かみさ》りという）するや、その嗣子は一昼夜をおかず、ただちに国造家に古代から伝わる火燧臼《ひきりうす》・火燧杵《ひきりきね》をもって国造館を出発し、昔の意宇《おう》郡、今の八束《つか》郡の熊野神社に参向する。そして熊野神社の鑽火殿《さんかでん》で、この臼と杵とにより神火を鑽り出し、その火で調理した斎食を新国造が食べることによって、始めて出雲国造となるのである。このことにより同時にまた、天穂日命それ自体になったというわけなのである。

（『出雲大社』）

「八束郡の熊野神社」とは、現在では正式には熊野大社といい、松江市八雲町に鎮座する式内社で、『出雲国《いずものくにの》造《みやつこ》神賀詞《かむよごと》』によれば、「伊射奈伎《いざなき》の日真名子《ひまなこ》加夫呂伎《かぶろき》熊野《くまの》大神《おおかみ》櫛御気野《くしみけのの》命《みこと》」を祭神とする。

出雲大社に仕える出雲国造の継承式が、出雲大社ではなく熊野大社で行われることは一見不自然なようにも思えるが、これは、出雲国造家と熊野大社が、元々深い関係にあったことを示唆していると見られる。

八束郡、昔の意宇郡は、出雲大社が鎮座する出雲郡に対して東側に位置し、平安時代まで、出雲国の国庁や国分寺は意宇郡に置かれ、この一帯が出雲国造家の本貫地であったとされている。そして、出雲国造家は本来、意宇郡にある熊野大社に奉祀し、国造家が大国主命を祀る出雲大社に奉祀するようになったのは、後世（平安時代初期頃）、本拠を意宇郡から出雲郡に移してからのことだとする説があるのだ。

出雲国造家の来歴については諸説あるが、とにかく国造の神火を鑽り出す熊野大社は、国造家と非常に古くからゆかりのある、出雲大社とのつながりができる以前からつながりがある可能性の高い、神社なのである。

また、中世から明治以前までは、この神火相続は、熊野大社ではなく、同じ意宇郡の神魂《かもす》神社で行われていた。神魂神社（大庭《おおば》の地にあったので大庭社とも呼ばれた）は創建が不明なのだが、かつての国庁跡に近く、一説に、元々は神社ではなく、出雲国造の居館があった場所ではないかという。社伝によれば、この地は出雲国造の祖神、天穂日命の最初の降臨地であるという。

本居宣長は、『古事記伝』の中でこう記している。

　国造世々、神火相続とて、第一の大事とす。今ノ世に至るまでも、国造新に、世を嗣むとする時は、まづ意宇ノ郡なる大庭ノ社にゆきて、神火神水を受ケ続ぐ式あり。そは神代の火切リ臼火切リ杵と云て、天照大神より、天穂日ノ命に授け賜ひしより、国造ノ家に、代々第一の神宝として、伝へ来たる宝物あるを、はじめ大庭ノ社にゆく時、これを袋ながら、みづから頸に懸て、持チ行き、此ノ火切臼火切杵を以て、神火をつぐ。これを火継《ヒツギ》と云り。さる故に、国造の世がはりを、火継《ヒツギ》と云なり。（十四之巻「おひつぎの考」）

この火鑽りで用いられる燧臼と燧杵だが、臼はヒノキで作られた幅四寸、長さ三尺一寸五分、厚さ一寸の分厚い板で、杵はウツギで作られた直径四寸五厘、長さ二尺七寸の細長い棒状のものである。そして、燧臼の上に燧杵の一端をあて、錐を揉むようにしてしばらく摩擦すると、火が生じる。

伊勢神宮でも臼と杵で神火を起こすが、舞鑽法《まいきりほう》といって、杵にはずみ車と弓を付し上下に運動させるだけで火種が生じる。これと比べると、出雲の火鑽り（揉鑽法《もみきりほう》）は、より原始的な発火法であるといえる。

新嘗祭によって更新される神火

新出雲国造が受け取った燧臼と燧杵で鑽り出された神聖な火は神火と呼ばれて火桶の中に保存され、出雲大社の祭典では、この神火によって調理した神饌を捧げ、また国造をはじめとする神職も、この火によって潔斎しなければならない。臼と杵は、毎年一度、更新されるが、その更新をする祭祀が、毎年十一月二十三日の古伝新嘗祭《こでんしんじょうさい》である。

この祭祀も元来は出雲国造が熊野大社に参向して行われ、中世以降は、地理的な利便性か

オオクニヌシを祀る出雲大社。出雲国造が代々宮司を務め、古代以来の祭祀を今に伝承している。

中世から明治にかけて、出雲国造の「火継ぎ」祭祀を継承していた、神魂神社。出雲国造の居館がかつてあった場所であるとも考えられている。

ら神魂神社で行われるようになったが、明治五年（一八七二）からは出雲大社の神前で行われるようになった。現行では、古伝新嘗祭のひと月前に熊野大社に国造が参向し、熊野大社の社人から新たな燧臼と燧杵を授かることになっている。これを鑽火祭《さんかさい》という。

そして古伝新嘗祭では、出雲大社で新たな燧杵と臼で火が鑽り出され、この神火で神饌が調理され、さらにこれを国造と神に供する。

千家尊統は新嘗祭の意義についてこう記している。

新穀を国造が神々とともにいただく——神道の用語で相嘗《あいなめ》という——ということをとおして、国造が神の霊魂を身につけることに、宗教的な意味がもとめられるのだ、と私はおもっている。一年間をとおして活動した国造の霊威は、冬も近づき陽光も衰えてくるにつれて、その勢威も陽光のように減退する。そこで神との相嘗の祭によって、新しく活発な生命力にみちた神の霊威を身にうけ、こうして新しい年のはたらきが保障され、約束されるという、いわば出雲国造の霊威の復活のための祭りなのである。（『出雲大社』）

そして、新嘗祭で更新された神火を保って、出雲国造は次の一年を送るのである。

大国主神は天つ神の饗応のために火を鑽った

ここで『古事記』に戻る。

大国主神は、葦原中国（地上世界）の国作りを行って国土を整えるも、天照大御神と高木神の命令で高天原から遣わされた建御雷神《たけみかづちのかみ》に「国譲り」を迫られると、国を譲って遠くに隠れ控えるかわりに、天つ神の御子が住むような立派な宮殿を作ってくれるよう条件を出す。すると、その要求が聞き入れられて、出雲に神殿が作られる。冒頭にも掲げたが、原文にはこう記されている。

出雲の国の多芸志《たぎし》の小浜に、天《あめ》の御舎《みあらか》を造りて、水戸《みなと》の神の孫《ひこ》、櫛八玉《くしやたま》の神、膳夫《かしはで》になり、天の御饗《みあえ》を献《たてまつ》る時に、禱《ほ》き白《まを》して、櫛八玉の神、鵜《う》に化《な》り、海の底に入り、底のはにを咋《く》ひ出で、天の八十《やそ》びらかを作りて、海布《め》の柄《から》を鎌《か》りて、燧臼《ひきりうす》に作り、海《こ》蓴《も》の柄もちて、燧杵《ひきりぎね》に作りて、火を攢《き》り出でて云ひしく……

つまり、出雲国の多芸志の小浜に神殿が造られ、水戸神の孫、櫛八玉という神が膳夫（料理人）となった。そして天つ神への饗膳を奉る際、櫛八玉は鵜に変身して海底の埴《はに》（粘土）をとり、天の八十びらか（平らな土器）を作り、海藻を刈って燧臼・燧杵を作り、火を鑽り出して、「火鑽りの詞」を述べた。

その詞は、『古事記』に次のように記されている。

この、あが燧《き》れる火は、高天原には、神産巣日《かむむすひ》の御祖《みおや》の命の、とだる天《あめ》の新巣《にひす》の凝烟《すす》の、八拳垂《やつかた》るまで焼き挙《た》げ、地の下は、底つ石根《いはね》の焼き凝らして、栲縄《たくなは》の、千尋《ちひろ》縄打ち莚《は》へ、釣せし海人《あま》の、口大《くちおほ》の尾翼鱸《をはたすずき》、さわさわに控《ひ》き依《よ》せ騰《あ》げて、打《さ》き竹の、とををとををに、天《あめ》の真魚咋《まなぐひ》献《たてまつ》る。

（この私が鑽り出した浄火は、高天原に向かっては、神産巣日命の立派な宮殿に煤が長々と垂れ下がるほどに焚き上げ、地下に向かっては、宮殿の柱が立つ岩盤に至るまで焼き固め、長い縄を延ばして海人が釣り上げた口の大きなスズキを引き寄せて陸揚げし、簀の子の台がたわむほどどっさりと魚の料理を奉ります。）

解釈が難しいが、「火鑽りの詞」は、鑽り出された火を使って調理した魚を奉ることを、表現しているとみるべきだろう。

この箇所については、神殿は大国主神が天つ神に作ってもらったもので、神饌や「火鑽りの詞」は櫛八玉神が大国主神に対して奉ったものだ、とみるのが定説である。

しかし、文脈からして、神殿は大国主神がみずから作ったのであり、大国主神が天つ神への服従の意をあらわすために櫛八玉神に神饌を作らせ、「火鑽りの詞」を述べて天つ神を饗応したのだと解釈することもできる（『日本神話事典』「火鑽りの詞」、大和書房、一九九七年）。たしかに、そうとった方が、すんなり読める。

そして、ここに登場する「燧臼」「燧杵」が、出雲国造の聖具である燧臼・燧杵とつながっていることは、言うまでもない。

ところが、出雲国造は神と同化するために火を鑽るが、『古事記』の大国主神は天つ神の饗応のために火を鑽る。このズレは何を意味しているのだろうか。

あくまで推測だが、燧臼・燧杵を用いた出雲の有力豪族に古くから伝わる原始的な祭祀の様相が大和朝廷に伝えられ、それが天つ神を饗応する儀礼に変形されて『古事記』に採録されたのではないだろうか。

大嘗祭に取り込まれた出雲の原始的祭祀

天皇の即位儀礼の中核は大嘗祭だが、大嘗祭でも神火の儀礼が行われていたとみられる。『延喜式』巻第七「践祚大嘗祭」によれば、この祭りにあたっては燧杵と燧臼（「次に、火燧一荷《か》、次に臼一腰《こし》」）が大嘗宮に運ばれ、その杵と臼で鑽り出された神火で神饌を調理し（「伴 造《とものみやつこ》、火を燧り、兼ねて御飯《おんいひ》を炊《かし》ぎ、安曇宿禰《あづみのすくね》、火を吹け」）、それが神酒とともに天皇と神に供進される。

そしてこれを神と共食することで、天皇は明つ神になると信じられたのである。

出雲国造の「火継式」と同じ要素が、太陽神アマテラスの霊統を継承するための、天皇の「日嗣式」にも含まれていた。このことは、大和朝廷が、出雲の原始的な王位継承祭祀を、神話に取り込むだけでなく、天皇家の現実の即位儀礼の中にも吸収したことを示唆しているのではないか。

さらにここで興味深いのは、出雲国造を象徴する「火」と、天皇を象徴する「日」の符合である。

古代においては、「ひ（日）」と「ひ（火）」は発音が微妙に違い、意味以前に、音韻上ですでに区別されていたと考えるのが現代の定説である。万葉仮名では、「日」の意味のときは「比」、「火」の意味のときは「非」などの字が使われ、両者が混同されることがなかったから、というのがその主たる論拠である（いわゆる「上代特殊仮名づかい」の問題）。

だが、太陽である「日」と、赤く燃えさかる火炎の「火」は、人間の目から見て、とても無関係とは思えない。天上にある「日」が、地上に降りてきて明るく照らす「火」となる、と考えるのは、古代の人々にとって、ごく自然な発想ではなかっただろうか。つまり、「ひ（日）」も「ひ（火）」も同じ「ひ」という言葉から発したもので、ニュアンスの違いから、「ひ（日）」と「ひ（火）」を区別して、微妙に発音に差をつけるようになった――と想定することも可能ではないだろうか。

だとすれば、古代の朝廷人が、天皇家の「日嗣式＝大嘗祭」を、出雲国造の「火継式」と重ね合わせようとしたのは、至極当然のことということにもなろう。

珠を操る——隼人の呪力

この鉤《ち》もちて、その兄《いろえ》に給はむ時に言《の》らさむ状《かたち》は、「この鉤は、おぼ鉤・すす鉤・貧鉤《まぢち》・うる鉤」と云ひて、後手《しりへで》に賜へ。しかして、その兄、高田《あげた》を作らば、いまし命《みこと》は下田《くぼた》を営《つく》りたまへ。その兄、下田を作らば、いまし命は高田を営りたまへ。しかしたまはば、あれ水を掌《し》れるゆゑに、三年の間、必ずその兄貧窮《まづ》しくあらむ。もし、それしかしたまふ事を悵怨《うら》みて、攻め戦はば、塩盈珠《しおみつたま》を出でて溺《おぼほ》らし、もし、それ愁へ請はば、塩乾珠《しおふるたま》を出でて活け、かく惚《なや》まして苦しめたまへ。

＊＊＊

昭和三十九年（一九六四）、平城宮跡の南西隅から、十六枚の楯が発掘された。だが、そのなかでほぼ完全な形で残されていたのは八枚で、残りの八枚は断片的な状態のものだった。というのも、井戸の枠に転用されていて、損傷がはげしかったからである。

それでも、すぐさま興味深いことがわかった。それら楯の表面に、奇妙な文様がくっきりと描かれていたのである。

楯の上下には鋸の歯のようにそれぞれ連続した三角文が、そして中央には、逆S字状の渦巻文が二重に描かれていたのだ。

そして、この文様や楯のサイズから、この楯が、南九州の薩摩（阿多）・大隅からやって来て、宮城門の警護を請け負った「隼人《はやと》」（「はやひと」とも読む）たちが用いた楯、「隼人の楯」であることがほどなく判明した。隼人は、記紀神話においては、海幸・山幸兄弟のうち、弟に征服される兄海幸彦（火照命《ほでりのみこと》、火酢芹命《ほすせりのみこと》）の末裔とされている氏族である。

なぜ文様から隼人のものであると判明したのかは後述するとして、気にかかるのは、この風変わりな意匠である。これはいったい何を表現しているのか。

この呪的な文様を見つめていると、やがて浮かび上がってくるのは、『古事記』の海幸・山幸の物語であった。

なお、平城宮跡から発掘された「隼人の楯」は現在は奈良国立文化財研究所に保存されていて、「隼人の楯」の文様をデザイン化したものが研究所のシンボルマークになっている。

宮門の前で邪霊を祓う隼人

宮廷に仕える隼人の規定を記した『延喜式』巻第二十八「隼人司」条に、次のような記述がある。

(隼人は) 凡《およそ》践祚《せんそ》大嘗《おほにへ》の日、分れて応天門の内の左右に陣し、其の群官初めて入《い》ると き吠《べい》を発せよ。

(隼人は、践祚大嘗祭の日には応天門内に分陣し、群官が入って来ると吠声《はいせい》を発する。)

「吠声を発する」とは、犬の吠え声を真似して発することで、邪霊を威嚇し祓うためであり、それは一種の呪術であった。神社の鳥居の左右に立つ狛犬も同系の発想であろう。

隼人が邪霊を祓う呪能者の役を務めたのは、大嘗祭のときばかりではない。

同じ「隼人司」条によれば、元日即位の儀や外国使臣の入朝の際にも、隼人は官人に率いられて応天門の左右に分陣した。その数は「大衣《たいえ》二人、番上の隼人二十人、今来《いまき》の隼人二十人、白丁の隼人百三十二人」で、群官が初めて入ってくるときは、「今来の隼人が吠声を発すること三節」とあり、さらにその声は「左は本声を発し、右は末声を発せよ、惣て大声十遍、小声一遍、訖《をは》りて一人、更に細声を発すること二遍」とじつに細かく規定されている。

ここで付言しておくと、「大衣」「番上」「今来」「白丁」というのは、隼人の種別である。隼人の一部は、律令制時代には、朝廷の政策により、本国の南九州から、近畿周辺に移住させられていた。

そのうち、薩摩国阿多《あた》郡から移住してきたのは阿多隼人と呼ばれ、山城・摂津・近江の諸国に居住した。大隅国から移住してきたのが大隅隼人で、山城国大住郷を拠点とした。

そして、これら畿内隼人の中から統率者として補任されたのが二人の大衣で、左大衣は大隅隼人から、右大衣は阿多隼人から選出された。

『古事記伝』によれば、「番上の隼人」とは、これら畿内隼人のことではなく、本国である南九州からかわるがわる上ってきて仕えた者であり、「今来の隼人」とは、本国から新たに妻子を率いて上り、京畿に止まって居住した隼人のことであるという。「白丁の隼人」というのは不詳である。

元日即位の儀や外国使臣の入朝の際の吠声を発する役として、とくに今来の隼人が挙がっているのは、長らく故郷を離れた隼人より、新たに本国から中央にやって来た隼人のほうが、呪力に優れていると考えられていたためとされている。

また、天皇が遠くへ行幸するときも、これら諸々の隼人が騎馬や歩行で供奉し、国の境や山・川・道路の曲がり角では、今来の隼人が吠声を発するように『延喜式』「隼人司」条に定められている。

ところで、『日本書紀』神代巻第十段の一書第二には、火酢芹命（海幸彦）の子孫である隼人について「一《ある》に云はく、狗人《いぬひと》といふ」と記され、さらに「火酢芹命の苗裔《のち》、諸の隼人等、今に至るまで天皇の宮墻《みかき》の傍を離れずして、代《よよ》に吠ゆる狗《いぬ》して奉事《つかへまつ》る者なり」とある。『延喜式』に定められた宮廷の衛兵としての隼人の姿は、すでに神話の中に描かれていたということになろう。

呪力がこめられた隼人の楯の文様

さらに、隼人の服装や持ち物についても『延喜式』には規定がある。

大衣と番上の隼人は横刀をはき、白と赤で組み合わせた木綿《ゆう》の耳形の鬘《かずら》をつける。木綿は楮の木の皮からつくった繊維で、鬘は髪飾りの一種であろう。他の隼人は緋帛（赤い絹）の肩布《ひれ》や白赤の木綿の耳形の鬘をつけ、楯と槍を持って胡床《あぐら》に坐る。肩布が魔除けや呪力の具とされていたことは、再三記した通りである。

そして、楯については、そのサイズ、デザインまでこう細かに規定されている。

長五尺、広（幅）一尺八寸、厚一寸。頭に馬髪を編著し、赤白土墨を以て鉤形を画く。

その楯は、頭に馬のたてがみが編んで着けられ、赤や白の土墨で鉤《かぎ》形が描かれる。このデザインが具体的にどんなものなのかは、長らく想像の域を出ることがなかった。

それが、昭和三十九年の平城宮跡から発掘された、『延喜式』「隼人司」条の記述とほぼ一致する大きさをもつ楯によって、明らかとなったのである。「赤白土墨を以て鉤形を画く」とは、逆S字状の二重の渦巻文を意味していたわけである。

では、この意匠は、いったい何のためのものだったのだろうか。

隼人の吠声が呪術と結びつけられていたことを考えれば、楯の渦巻文、さらには連続した三

逆Ｓ字状の鈎形が描かれた「隼人の楯」。右が発掘されたものの複製で、左はオリジナルの状態を再現したもの。奈良国立文化財研究所蔵。

角文、隼人の風変わりな耳形鬘、服装や装飾の基調になっている赤色といったものに、隼人の職掌ともいうべき、邪霊を祓う呪力が期待されていたと想像することはそう難しいことではあるまい。

また、隼人と吠声の関係は、隼人の言語の異様さが「吠声」を連想させたことに起因するのではとする見方もあるようだが、むしろそれ以前に、隼人は特殊な霊力をそなえているという前提が朝廷側に存していたからこそ、隼人と呪術としての吠声の連想が可能になったとみるべきではないだろうか。

武器を携行した天皇の近衛兵とはいえ、隼人に期待されたのは、武力ではなく、あくまでも呪力であったのである。

隼人を凌駕した天皇家の呪術

ところが、記紀神話では、その隼人たちよりも強力な呪術を海神に授けられて自在に操る人物が登場し、隼人の祖である海幸彦を易々と打ち負かす。

それが、海幸彦の弟であり、天皇家の祖にもあたる、山幸彦なのである。

『古事記』にもとづいて、海幸・山幸の神話のあらましを記しておこう。邇邇芸命《ににぎのみこと》と木花之佐久夜毘売《このはなのさくやびめ》（神阿多都比売《かむあたつひめ》）との間に生まれた兄弟のうち、兄の火照命は海幸彦（海佐知毘古）として漁労を、弟の火遠理命（天津日高日子穂々手見命《あまつひこひこほほでみのみこと》、紀では彦《ひこ》火火出見尊《ほほでみのみこと》）は山幸彦（山佐知毘古）として狩猟を、それぞれ生業としていた。

あるとき、山幸彦からの申し入れで、獲物をとる道具《さち》を交換することになり、山幸彦は釣針を手にして海へ、海幸彦は弓矢をもって山へ出かけたが、ともに獲物を得ることはできず、あげくに、山幸彦は海幸彦の釣針を海に失くしてしまう。山幸彦は代わりの釣針をたくさん作ってそれで償おうとしたが、海幸彦はそれを拒み、もとの釣針を執拗に要求した。

山幸彦が海辺で困惑していると、塩椎神《しおつちのかみ》（航海神）が現れ、この神の計らいにより、山幸彦は竹籠で編んだ小舟に乗り、海神（綿津見神《わたつみのかみ》）の宮を訪れた。そして海神の娘豊玉毘売と出会って結婚し、三年その宮で暮らしたのち、海神に海で失くした兄の釣針のことを語る。すると、海神は鯛の喉からその釣針を発見して山幸彦に献上し、さらに、兄の海幸彦へ釣針を返す際のこととして、次のようにアドバイスしてゆくのである（原文は冒頭に掲げてある）。

この釣針を、あなたの兄にお返しになるときは、「この鉤《ち》は、おぼ鉤、すす鉤、貧鉤《まじ》、うる鉤」と唱えて、後手《しりえで》（後ろ手）でお与えなさい。そして、その兄が、高地に田（高田《あげた》）を作るならば、あなた様は低地に田（下田《くぼた》）をお作りなさい。その兄が低地に田を作るなら、あなた様は高地に田をお作りなさい。そうなさったら、私は水を支配していますので、三年の間、必ずその兄は貧しいでしょう。

「この鉤は、おぼ鉤、すす鉤、貧鉤、うる鉤」というのは、『新潮日本古典集成・古事記』の頭注に従って現代語訳すると、「この釣針は、心が晴れずぼんやりとする釣針、心がすさんで荒れ狂うようになる釣針、貧しくなる釣針、愚かになる釣針」となる。これは、要するに釣針にかけた呪いの言葉であり、「言挙《ことあ》げ」にあたると言えるだろう。

「後手で与える」というのは、釣針を載せた手を背後にまわして差し出すという所作を指すのだろうが、これもまたある種の呪術であると考えられる。日常とは逆の所作をすることによって、対象に呪いをかけるわけである。伊耶那岐命の黄泉国めぐりのところでも、おぞましい姿に変わり果てた黄泉国の伊耶那美命のもとから、伊耶那岐命が「十拳剣を抜いて、後手に振りながら逃げる」という場面がある。

「後手で与える」というしぐさは、海神のあやつる呪術を象徴しているようなものなのだろう。

塩盈珠・塩乾珠は海神の呪具

海神のアドバイスはさらにこう続く。

もし、その兄が、あなたさまがそうなされることを怨んで、攻め刃向うならば、塩盈《しおみつ》珠《たま》を出して溺れさせ、もし、嘆き訴えれば、塩乾珠《しおふるたま》を出して生かし、こう悩ませ苦しめなさい。

そして、こう述べた海神は、塩盈珠と塩乾珠を山幸彦に授けるのである。

山幸彦は、現し国に戻ると、海神に教えられた通りに釣針を兄の海幸彦に返す。案の定、海幸彦は貧しくなると攻め込んできたが、山幸彦は塩盈珠を出して海幸彦を溺れさせ、海幸彦が嘆き訴えると塩乾珠を出して救い、兄を大いに悩ませ苦しめたのだった。

さて、塩盈珠と塩乾珠とは何だろうか。

これは、本来は海水の干満を引き起こす呪力をもつ珠であり、海神の持ち物であった。この珠については、江戸時代以来、仏典に見える如意宝珠《にょいほうじゅ》との関連性が取り沙汰されてきた。如意宝珠とは、摩尼珠《まにしゅ》ともいい、龍王もしくは怪魚の脳中より採れるといわれるもので、これをひとたび手にすれば、七宝を降らせ、意のままに衣服や飲食を取り出すことができ、またいかなる願望も叶えることができるという。その光り輝く珠は、密教では仏舎利が変じて成ったものと説かれ、また衆生を限りなく利益するとされたことから、しばしば仏や仏教そのものの象徴とされてきた。

水神である龍王からは海神が連想され、したがって龍王・龍神のアトリビュートでもある如意宝珠も、潮を操る塩盈珠・塩乾珠とつながってくるわけである。つまり、記紀神話に、漢訳仏典による潤色が認められるということになる。

なお、九世紀初頭に入唐した空海は、中国密教の大成者恵果《けいか》から如意宝珠を授かり、帰国後これを名山勝地に秘蔵したという伝承があり（『御遺告《ごゆいごう》』）、また『隋書』「倭国伝」には、日本には如意宝珠があるという記事がみえる。

海洋民の霊力・呪力を吸収した山幸彦

如意宝珠との類似性はここではとりあえず置いて、塩盈珠・塩乾珠に話を戻そう。

山幸彦が、呪能の民である隼人の祖、海幸彦を屈服させるのに利用した塩盈珠と塩乾珠とは、本来は海神の持ち物であり、海神の霊力が込められた呪具であった。このことは、塩盈珠も塩乾珠も、元々は、海神を信奉する海洋民が用いていた呪具であったこと、つまり海幸彦すなわち隼人側に由来する呪具であったことを物語っていよう（ただし、隼人は、決して漁労だけを生業としていたわけではなく、狩猟も農耕も行っていたことは、考慮しておく必要がある。当然、彼らのあいだには、海洋信仰だけでなく、山岳信仰も併存していたと考えるべきだろう）。

実際に、隼人たちが塩盈珠・塩乾珠に擬せられる呪具を有していたかどうかはさておき、この珠には、朝廷側の人間からみて、海洋民の霊力・呪力が象徴化されていたと読み解くことはできよう。

ところが、海神の持ち物であり、潮を自在に操る呪能のあるその珠を、狩猟民である山幸彦は、田（稲作、農耕）の治水の制御に転用して、海洋民である海幸彦＝隼人を服従させた。

ここが、山幸・海幸神話の重要なポイントになっていることは、間違いなく指摘できる。

海神が山幸彦に教えた呪いの言葉や、後手での所作にしても、同じようなことがいえるだろう。つまり、山幸彦が用いた呪術は、いずれも、本来は海幸彦＝隼人が身につけていたものであった。それらを、天皇家の祖である山幸彦は、みずからの呪力・呪能としてすべて見事に吸収してみせたのである。

また、この箇所の『日本書紀』の一書第四では、山幸彦は海神から風招《かざおぎ》の呪術も教えられている。『日本書紀』によれば、風招とは嘯《うそぶき》のことで、口をすぼめて息や声を吹きだすことである。それは海辺で風を起こし、波を立たせる呪術であり、これもまた海洋民としての隼人の呪術であったといえよう。ちなみに、隼人《ハヤヒト》のハヤはハエ（南風）に由来するともいわれている。

そして山幸彦は、本国に戻ると、海神が教えた通りに、釣りをしている兄に対して風招を行って、彼を溺れ苦しませるのである。

大嘗祭で演じられた隼人の屈辱的な舞

さて、弟にさんざん苦しめられた兄は、最後はどうなったか。
塩盈珠・塩乾珠の呪力に音をあげた海幸彦は、ついに頭を下げ、哀訴する。『古事記』はその様を次のように記している。

「あは、今より後、いまし命《みこと》の昼夜の守護人《まもりびと》となりて、仕へまつらむ」

かれ、今に至るまでに、その溺れし時の種々《くさぐさ》の態《わざ》、絶えず仕へまつるぞ。

（海幸彦は「私は、これからのちは、あなた様を昼も夜も守護する人となってお仕えいたします」と言った。

それで、海幸彦の子孫である隼人は、今に至るまで、その溺れたときの種々の態《わざ》を演じ、絶えず宮廷に仕え申しているのだ。）

このくだりを理解するには、朝廷儀式での隼人の歌舞について知っておく必要がある。『延喜式』巻第七の「践祚大嘗祭」条によれば、大嘗祭の日、隼人は、大内裏の朝堂院（八省院）の応天門内に分陣する。大嘗祭の主祭場である大嘗宮は、朝堂院の中に設営されている。

そして、群官が門内に入るとき、隼人は声を発し、楯の前に進み、手を拍ち、歌舞をする。『延喜式』の「隼人司」条には、大嘗祭のとき、「弾琴《みことひき》二人、吹笛《ふえふき》一人、撃百子《げきびゃくし》四人、拍手《てうち》二人、歌二人、儛《まい》二人」の総計十三人の隼人が風俗歌舞を奏上するとある。

これらが隼人舞と呼ばれるものである。

『古事記』のいう宮廷で隼人が演じる「溺れし時の種々の態」とは、大嘗祭におけるこの隼人の天皇への服属儀礼としての隼人舞を指しているのである。つまり、記紀の海幸・山幸神話は、大嘗祭での隼人舞の本縁譚にもなっているわけだ。

『日本書紀』には、その舞の所作をより具体的にイメージさせる記述がある。

先にも言及した『日本書紀』海幸・山幸神話の段（第十段）の一書第四の風招の場面で、弟山幸彦に嘯の呪術をかけられて溺れ苦しんだ兄海幸彦は、弟の徳を知り、自らの罪を認める。だが、弟は怒って口をきかない。すると、兄はつぎのような所作をはじめる。

犢鼻《とうさき》（ふんどし）をつけ、赤土を手のひらと顔に塗り、「私はこの通り身を汚した。永久にあなたの俳優《わざおぎ》者となろう」といい、足をあげて踏み回り、溺れ苦しんだ様を真似た。初めに、潮が満ちて足が濡れてくると、つま先立ちをした。膝にまで潮がくると足をあげ、股にまでくると走り回った。腰までくると腰をなで、腋までくると手を胸に置いた。とうとう頸にまで潮がくると、手をあげてひらひらと振った。

「俳優《わざおぎ》」とは単に演技や滑稽なしぐさをして人をたのしませる芸人のことを指しているわけではなく、岩波文庫版『日本書紀』の校注によれば、隼人が宮廷に奉仕して狗吠《いぬぼえ》をなし、また種々のしわざをすることを指しているのだという。

ここに描かれた海幸彦のしぐさは、あわれでもあり、滑稽でもある。演じる側からすれば、ある意味では、屈辱的な所作であろう。

そして、『日本書紀』は「爾《それ》より今に及《いた》るまでに、曾《かつ》て廃絶無《やむことな》し」(この所作は、現在まで廃絶することなく続いている)としめくくり、この海幸彦がみせた屈辱的な所作が、宮廷儀礼として、つまり天皇への服属の徴としての隼人舞として存続していることをほのめかしている。また、海幸彦が顔や手に塗った赤土は、隼人の服装や楯に目立つ赤色に通じるところもあろう。神話は、しばしば、現実を保証する役割を担うのである。

この『日本書紀』に記述された隼人舞の所作がもつ意味を、隼人の研究家、中村明蔵氏は、こう読み解いている。


風俗歌舞が海辺の潮の寄せる場を想定して演じられるさまは、阿多隼人の神招《かみおぎ》、すなわち神招きの所作であろう。海神を招来するために、隼人の呪者たちが海辺から沖に向かって歩を進め、最後は首までつかって手をひらひらさせて、神の来臨を願う、その一連のしぐさである。(『神になった隼人』南日本新聞社、二〇〇〇年)

これは、隼人舞もまた、神の来臨を願うための隼人の呪術に淵源している、という見方だろう。

天皇家への服属儀礼となった隼人の呪能

古代、南九州に勢力をはった隼人は、漁労を得意とし、海神を奉じ、そして呪術的文化を豊かに育んだ人々であった。

その隼人が、大和朝廷の支配下に入ったのはいつごろからのことだろうか。

『日本書紀』をみると、履中天皇即位前紀、清寧天皇元年十月条、敏達天皇十四年八月条などに、隼人が天皇・皇子たちに、近衛兵のごとく近習する姿が記されている。だが、これはあくまでも神話的・伝説的叙述である。

隼人が大和朝廷の支配下に入ったことを示す確実な記録の最初は、天武天皇十一年(六八二)七月三日条の「隼人が大勢来て、方物《くにつもの》を貢した。この日、大隅の隼人と阿多の隼人が朝廷で相撲をとり、大隅の隼人が勝った」であるとされる。つまり、隼人が天皇に服属の姿勢を明確に示したのは意外に遅く、七世紀の終わり、ということになる。

朝廷からみれば、隼人は長らく辺境の地に住まう「化外の民」であった。このことも、隼人の神秘性を高め、呪能者としての隼人のイメージを増幅させることに与ったであろう。その化外の民が、ある時期から大和朝廷の支配下に入り、しかも天皇の即位儀礼のたびごとに、屈服の意思を歌舞によって繰り返し繰り返し表明させせられることになった。また、隼人舞が演じられたのは、大嘗祭のときだけではなく、朝貢や正月の儀式の折などでも行われることがあったらしいことが、『続日本紀』などをみるとわかる。

このことは、別の側面からみれば、隼人たちの呪能を、王権を確立させた天皇家が服属儀礼として吸収し、薬籠中のものとしたことを示していた。隼人が呪力をもって天皇の衛兵として仕えたことについても、そしてまた平城宮跡から発掘された逆S字型の文様が描かれた楯についても、同様のことがいえるだろう。

『延喜式』「隼人司」条によると、大嘗祭の日、十三人の隼人は、「興礼門より、御在所《おましどころ》の屏の外に参入し、北向きに立ちて、風俗歌舞を奏す」とある。

御在所とは、天皇の御座所である。そのすぐそばで奏された隼人舞とは、まさに海神から呪力を授けられた山幸彦の前で溺れ苦しむ海幸彦のしぐさの再現であり、霊力を身につけた新天皇に対する隼人たちの服属の呪的表明に他ならなかったのだ。

土器を作る――土の呪法

すなはち意富多々泥古《おほたたねこ》の命《みこと》をもちて神主《かむぬし》として、御諸山《みもろやま》に意富美和《おほみわ》の大神の前を拝《いは》ひたまひき。また、伊迦賀色許男《いかがしこを》の命《みこと》に仰せて、天《あめ》の八十《やそ》びらかを作らしめ、天つ神地《くに》つ祇《かみ》の社《やしろ》を定めまつりたまひき。

＊＊＊

大阪の住吉大社で、毎年二回、三月の祈年祭と十一月の新嘗祭に先だって、「埴使《はにつかい》」というユニークな神事が執り行われる。

両祭が行われる十日ほど前、住吉大社から「埴使」と呼ばれる神職一行が奈良の畝傍《うねび》山に向かう。途中、畝傍山西麓の雲名梯《うなで》山神社、畝火山口神社に寄って祭典を行ったのち、畝傍山に登り、山頂の古来の秘地にて、口に榊の葉を含んで、団粒状の埴土を採取し、これを埴筥に納める。畝傍山一帯は、その麓で初代天皇神武が橿原宮《かしはらのみや》を営み、また神武天皇が葬られたと伝えられる地である。

住吉大社に持ち帰られると、この畝傍山の埴土を原料として、祈年・新嘗両祭での神饌を供える「平瓮《ひらか》」と呼ばれる平たい土器がつくられる。

住吉大社の「埴使」は中世にはすでに恒例行事となっていたらしい。現代では移動は自動車だが、その昔、埴使は騎馬行列で畝傍山に赴いたという。秘祭であるため、採取の儀式は一般の人間には見ることができない。

それにしても、なぜ住吉大社の祭典のために、わざわざ畝傍山の土が採ってこられるのだろうか。

そもそも「埴土」とはなんだろうか。

埴土から平瓮をつくることには、何か重大な意味が込められているのだろうか。

住吉大社の埴使の神事は数々の謎を秘めているが、その謎を解くカギは『古事記』に見出すことができる。

崇神天皇が作らせた「天の八十びらか」

第十代天皇にあたる崇神《すじん》天皇の御世、疫病が流行って多くの人民が命を落とした。天皇がこれを憂い、神床に就いて神託を乞うと、夢に大物主神《おおものぬしかみ》が現れて、「わが子孫の意富多多泥古《おおたたねこ》にわれを祀らせよ」と告げた。天皇は意富多多泥古を河内の美努《みの》の村に探しあて、彼に三輪山《みわやま》（御諸山《みもろやま》）を祀らせた。

さらに、伊迦賀色許男命《いかがしこおのみこと》に命じて、「天《あめ》の八十《やそ》びらか」を作らせ、天神地祇（天つ神と国つ神）の神社を定めた。伊迦賀色許男命は、『古事記』ではここが初出だが、『日本書紀』によれば、物部連《もののべのむらじ》の祖であり、『先代旧事本紀』によれば、崇神天皇の母伊香色謎命《いかがしこめのみこと》の弟である。つまり物部氏の人間である。

「平瓮（ひらか、びらか）」とは平たい土器のことで、しかも素焼きの器、かわらけのことである。「天の八十びらか」は「立派なたくさんのひらか」ということだろう。

「天神地祇の神社を定める」というのは、西郷信綱『古事記注釈』（ちくま学芸文庫、二〇〇五～二〇〇六年）によれば、もろもろの神社を制度化したことをさし、天つ神と国つ神それぞれを祀るべき神社を定めた意であるという。

天の八十びらかを作ることと天神地祇の神社を定めることが、どう結びつくのか、そのあたりのことが漠然としているが、文脈からすれば、まず三輪の大物主神を祀ってから、天の八十びらかを作ってマツリを行い、天神地祇を祀るための神社制度の根幹を定めたということであろう。

さらにこの先を読むと、天皇は宇陀《うだ》の墨坂神《すみさかのかみ》のために赤い楯矛《たてほこ》を、大坂神《おおさかのかみ》（穴虫峠に祀られる神）のために黒い楯矛を祀り、また、山裾や河の神すべてに幣帛を奉ったと続き、これによって疫病は収まって、国家は平安になったという。宇陀の墨坂も、大坂も、宮都の置かれた大和の盆地から外へ抜ける際に通る、交通上の要所である。

ここで俄然注目したいのは、平瓮である。なぜ崇神天皇は、天神地祇を祀るにあたって、平瓮を作ったのだろうか。あるいは、なぜ作らねばならなかったのだろうか。

平瓮は器というからには、まずは神饌を盛る器と考えられるが、この場面では神饌に関する記述はなく、むしろ平瓮そのものが聖器として神に奉られているように映る。

神武天皇が天香山の土から作った平瓮

『日本書紀』をひもといてみると、神武天皇即位前紀のところで、「平瓮」が出てくる。神武天皇が大和平定にあたって、天香山の埴土をとって平瓮を作らせ、これを用いて天神地祇を祀ったというくだりである。

天香山《あまのかぐやま》（天香具山、天香久山）は、高天原の中心にそびえるとされる聖山を指す場合と、それが現実世界に投影された大和の天香山（奈良県橿原市）を指す場合があるが、神武紀の天香山は後者を指している。大和の天香山は、標高一五二メートルの、なだらかな丘陵状の山だが、畝傍山、耳成山とともに大和三山と称され、聖山として仰がれてきた。

少し長くなるが、本項のテーマを論じるうえでは、基礎史料となる部分なので、前後の経緯を含めて、『日本書紀』にみえる神武の平瓮祭祀の概略を記しておきたい。

九州から東征に向かった神武天皇（神日本磐余彦《かむやまといわれびこ》）とその一行は、浪速《なみはや》に至ると生駒山を越えて大和に入ろうとしたが、長髄彦《ながすねびこ》の反撃にあって進むことができず、神武の兄五瀬命《いつせのみこと》は矢にあたって深傷を負ってしまう。

そこで天皇は大きく迂回して紀伊国の熊野から大和を目指すことにした。

その途中で五瀬命はついに命を落としたり、暴風にあったりとさまざまな辛苦に遭うが、熊野に上陸し、進軍を続ける。しかし、悪神の毒気に当てられて一行はみな病にかかってしまった。

そんなとき、熊野の高倉下《たかくらじ》という男がこんな夢を見た。

天照大神が現れ、武甕雷神《たけみかづちのかみ》に向かって「葦原中国はまだ騒いでいるようだから、行っておだやかにしてきなさい」と述べた。すると、武甕雷神は「私が行かずとも、私が国を平らげた剣を差し向けたら、国は自ずから平らぎましょう」と言い、高倉下に神剣を授けた。

高倉下が夢からさめて倉を見たところ、はたして剣があったので、それを神武天皇に奉った。これにより、兵士たちは士気を取り戻し、山中を進んだが、さらに険阻な山道に迷ってしまう。このとき、飛び来ったのが八咫烏《やたのからす》である。八咫烏の先導で、大伴氏の遠祖日臣命《ひのおみのみこと》が進軍し、日臣命はその功により道臣命《みちのおみのみこと》の名を賜った。

菟田県《うだのあがた》にいたると、兄猾《えうかし》・弟猾《おとうかし》の兄弟がいたが、兄猾は逆らったので道臣命がこれを討ち、弟猾は従って神武軍を饗応した。

この後、吉野をへて菟田の高倉山の嶺に登り、国中を見渡した。すると、国見岳の上に八十梟師《やそたける》がいて、女坂には女軍が、男坂には男軍がいて、墨坂にはおこし炭（種火となる、赤くおこした炭）が置かれていた。さらに、兄磯城《えしき》の軍が磐余邑《いわれのむら》にあふれている。

これでは通る道がない、と困っていたところ、神武天皇の夢に天神《あまつかみ》があらわれて、こう告

大和三山のひとつである天香山（奈良県橿原市）。山というよりは丘という雰囲気だが、古代日本における、重要な聖地のひとつであった。

げた。

「天香山の社《やしろ》の中の土を取って、天平瓮《あまのひらか》を八十枚を造り、あわせて厳瓮《いつへ》（神酒を入れる聖なる瓶）を造り、天神地祇を敬い祭れ。また厳呪詛《いつのかしり》をせよ。そうすれば、おのずから敵は降伏するだろう」

ここで「厳呪詛」という耳慣れない言葉がでてきたが、これは「厳粛な気持ちで神に祈って人をのろうこと」（『日本国語大辞典』）だという。すなわち、呪言をとなえて敵を呪詛することである。

ちょうどそのとき、弟猾もまた同じようなことを奏上した。

「今、天香山の埴《はにつち》を取り、天平瓮を造り、天社国社の神をお祀りください。そうしてから敵を撃てば、討ち払いやすいでしょう」

天皇は大いに喜んで、椎根津彦《しいねつひこ》（倭国造《やまとのくにのみやつこ》の祖）と弟猾に天香山の頂から埴土を取って来るように命じ、蓑笠を着て老翁に変装した椎根津彦と、箕を着て老嫗に変装した弟猾は、その醜い姿で賊の目をくらまし、命令通り天香山から埴土をもってきた。

そして、この土から平瓮と天手抉《あまのたくじり》（土を手でくじって作った器。丸めた土の真ん中を指先で穴をあけるようにしてくぼめてつくる）、厳瓮（神酒を入れる瓶）を造り、さらに丹生《にう》の川上に上って、天神地祇を祀った。

　つまり、土器を祭器としてマツリが行われたのだろう。だがここで注目したいのは土器の役割である。ここでの土器は、供物を盛るための器ではなく、埴土を介して聖なる山の霊力を具えた器として、神に捧げられたと考えられよう。

　そして天皇は高皇産霊尊《たかみむすひのみこと》に対して顕斎《うつしいわい》を行った。顕斎とは、目に見えない神の身を目に見えるように斎《いつ》きまつることをいい、この場合では、天皇が自身に高皇産霊尊の霊を憑りつかせ、神と一体化することを乞うことを指しているとみられる（「天皇が神を憑りつかせる」というのは拡大解釈で、たんに神饌を供する儀礼をさしていると見る説もある）。この後、神武一行は進軍を再開し、大和を平定してゆく。

　日本の歴史においては、神武天皇が丹生の川上に天神地祇を祀ったことは、即位の三年後に鳥見山《とみのやま》に霊畤《れいじ》をたてて皇霊を祀ったこと（『日本書紀』神武天皇四年二月）とともに、国家建設と祭政一致の原点に位置付けられている。

　ただし、神武が宇陀で天神地祇を祀ったり、丹生の川上で高皇産霊尊の神霊を祀るといったこの辺りの叙述は、どういうわけか『古事記』の神武天皇段にはまったくみられない。

　そして、『日本書紀』崇神天皇七年十一月には「伊香色雄（伊迦賀色許男命）に命《みことおほ》せて、物部《もののふ》の八十平瓮《やそびらか》を以て、祭神之物《かみまつりもの》と作《な》せしむ」とあり、『古事記』の崇神天皇段と重なる内容が叙述されている。

このような記述からは、古代の祭祀では、平瓮をはじめとする土器が、霊力を秘めた一種の呪具として重要な役割を果たしていたことがうかがえるのだ。

素朴な土師器と渡来系の須恵器

古代日本の土器を作り方からみた場合、粘土を低温度で焼いて作る素焼きの土師器《はじき》と、窯を使って高温で焼いて作る須恵器《すえき》（陶器）の二つに大きく種別することができる。

赤みを帯びて紋様のない土師器は、弥生式土器の伝統を受け継ぐもので、古墳時代から祭器として用いられた。そもそも土器は、縄文の時代から、煮炊きや貯蔵用あるいは食器としてのみ実用されたわけではなく、一貫して祭祀にも用いられてきたと考えられている。たとえば、縄文時代の場合、壺の中には酒が盛られ、神霊を祀ったあと、人々が共にそれを分かち飲むというようなことが行われたのだろう。また、縄文式土器に彫りこまれた美しい紋様は呪術的な意味をもっていたと考えられ、生活と呪術が密着していたことがうかがえる。そして記紀に出てくる土器のうち、平瓮や手抉などはまず土師器をさしているとみるべきだろう。

ただし、どんな粘土でもこねて焼けば土師器を作れるというものではない。土器に適しているのは、きめの細かくねばりけのある粘土で、これが「埴」または「埴土」と呼ばれるものなのである。したがって、土器の製造に必要である貴重な埴土を採取できる場所や山は、古代人によって聖地視されたにちがいない。

一方、古墳時代もなかごろの四世紀末になると、朝鮮半島から須恵器が渡来する。須恵器は、これまでとは全く違う新しい技術によって製造されるもので、轆轤《ろくろ》で土を成形し、土器焼成専用の登窯《のぼりがま》のなかで千度以上の高温で焼かれることで作られる。青灰色を呈し、土師器に比べて堅い。後世の陶磁器の源流でもある。ただし、直接火にかけると割れてしまうため、煮炊きに用いることはできない。

須恵器の一大生産地として発展したのは、渡来人が多く住み着いた大阪府堺市を中心とした泉北丘陵一帯（旧和泉国、茅渟県陶邑《ちぬのあがたすえむら》）であり、ここからは窯址が少なくとも五百は出土している。ここが一大生産地となったのは、傾斜面が広く登窯をたくさん作りやすいという地形的な利点や、良質な粘土や焼成に必要な薪を近くで採取できるといったことが要因とし

土師器の例。7 世紀頃の杯。

オオモノヌシが鎮座すると伝えられる奈良の三輪山（奈良県桜井市）。
円錐形をなした神奈備山で、山麓に大神神社が鎮座する。

て考えられよう。また、港に近いので、渡来人の往来に適しているせいもあったのかもしれない。

そして茅渟県陶邑は『日本書紀』によれば、大物主神の末裔の大田田根子《おおたたねこ》（記では意富多多泥古）の出身地である。ところで、『古事記』は彼の出身を「河内の美努村」としていて、これを大阪府八尾市上之島町付近に比定する注釈書が多いようだが、考古学者の森浩一によれば、記紀が編纂された奈良時代の初めごろまでは和泉国は河内国に含まれていたので、「河内の美努村」は後の和泉国にあたる場所でもおかしくはなく、それは堺市の見野山付近、すなわちやはり『日本書紀』と同じく泉北丘陵付近を指すのではないかと指摘している（『三輪山の考古学』学生社、二〇〇三年）。

大物主神を祀る三輪山の祭祀遺跡からは須恵器の遺物が発掘されているが、そのほとんどは泉北丘陵一帯で生産されたものであることが確認されているという。三輪山すなわち大神神社では古墳時代中期から須恵器の祭祀が行われたとみられており、したがって、記紀が記す、神の祟りを鎮めるために茅渟県陶邑の大田田根子（意富多多泥古）が行ったという三輪山のマツリとは、正確には、土師器ではなく、須恵器を用いた祭祀であったと考えることができ、またこの挿話を、渡来系の須恵器工人が関わった大神神社の須恵器祭祀の起源説話と読むこともできる。

なお、神武紀に出て来た「厳瓮」だが、これは須恵器を指している可能性もありそうだ。須恵器の古称に、「厳瓮（斎瓮）」があるからである。

ちなみに、須恵器は朝廷や役人、寺社などの上流階級のあいだで使用され、庶民が使用できるものではなかった。

物実としての「土」

このように、古墳時代にはすでに須恵器が祭祀に多用されていたとみられるにもかかわらず、記紀の叙述では、土師器としての平瓮（天の八十びらか）が祭祀の際に言及されている理由を探ってみると、それは、平瓮が「土」から作られた素朴な器であることと大きく関連しているように思える。

とくに、神武即位前紀では、「天香山の社」の中の「土」を取って作られたことが明記されている。天香山は神話上では高天原にそびえる聖なる山のことであり、大和の天香山（天香久山、現在の橿原市と桜井市の境にある）とは、『伊予国風土記』逸文によると、天上の天香山が分かれ落ちたもののひとつであるということになっているのだが、神武即位前紀の記述は何を意味しているのだろうか。

「ヒレを振る」の章でも少し触れたが、『日本書紀』崇神天皇十年九月条に武埴安彦《たけはにやすびこ》（第八代孝元天皇の皇子）の謀反を伝える記述がある。天皇に対して、謀反を察知した倭迹迹日百襲姫命《やまとととびももそひめのみこと》（天皇の大おばにあたる）が、こう伝える。

　是《これ》、武埴安彦が謀反《みかどかたぶ》けむとする表《しるし》ならむ。吾聞く、武埴安彦が妻吾田媛《あたひめ》、密《ひそか》に来りて、倭の香山《かぐやま》の土を取りて、領巾《ひれ》の頭《はし》につつみて祈《の》みて曰《まう》さく、「是、倭国の物実《ものしろ》」とまうして、則ち反《かへ》りぬ。是を以て、事有《ことあ》らむと知りぬ。早《すみやか》に図るに非ずは、必ず後《おく》れなむ。

（私が聞くところでは、武埴安彦の妻の吾田媛が密かに倭《やまと》へ来て、倭の天香久山の土を取って、その土を領巾《ひれ》〔婦人が襟から肩にかけるきれ〕のはしに包み、「この土は倭国の物実」と祈ってから帰りました。速やかに手を打たないとおくれをとります。）

「物実」とは、モノザネとも読まれ、「元になるもの」あるいは「代わりとなるもの」の意である。すなわち、天香山の土は「国の物実＝国を代表するもの、国のシンボル」とみなされ、その土を取ることが、戦の勝敗を呪術的に左右すると考えられていた。天香山の土に強い呪力があると考えられていたわけである。

したがって、神武天皇が天香山の社の土を取って平瓮を作ったというのは、他人が支配していた国土の物実を盗み取ることによってその国土を自在に制御できる呪力を手にすることを意味し、国の物実から作られた平瓮を神前に捧げて行われたマツリは、その国を支配できるように呪いをかけた、呪的行為であるとも考えられよう。

つまりこれが、天神が神武天皇に行うことを命じた、厳呪詛《いつのかしり》の実態である。そしてこの呪法を行ったことからこそ、神武天皇はこの後大和をスムーズに平定することができたともいえるわけだ。

では、崇神天皇が伊迦賀色許男命に命じて作らせた「天の八十びらか」は、どう考えればよいだろうか。

『古事記』には、それがどの山の土から作られたかは記されていないが、文脈からすれば、三輪山から取られた土が用いられたと読むのが、最も妥当であるように思える。つまり、崇神天皇は、大物主神が祀られた三輪山の土を新たに国の物実として厳呪詛を行うことで国家の基盤を改めてかため、ひいては大物主神の祟りを解き、国に平安をもたらすことができたとみるのである。また、ここでは、神武天皇の土器による厳呪詛を再現することが意図されている可能性もあるだろう。

ところが、須恵器の生産地を出身地とする大田田根子が三輪山祭祀を司ったとする記紀の伝承から、三輪山祭祀で実際に用いられた土器が、土師器（平瓮）ではなく、須恵器であると考えられる――ということはすでに触れたとおりである。この矛盾については、最後のところで論じてみることにしたい。

ところで、三輪山西麓の広大な纒向《まきむく》遺跡からは、弥生時代～古墳時代初期の土器が大量に出土しているが、そのうちの約十五パーセントは、大和以外の他地域から搬入された土器とみられるという。それらには祭祀関連に用いられたとみられたものも多い。全国各地から土器が集められたというのは、纒向を拠点とした崇神天皇に擬せられる原始ヤマト王権の首長が、各地からその地域の「物実」として土器を差し出させ、ヤマト王権への服従を迫ったという側面もあったのではないだろうか。

伊勢神宮で今も作り続けられる土師器

伊勢神宮では、現在でも古来の製法で祭祀に用いる土器がつくりつづけられている。

伊勢市の西方、三重県多気《たき》郡明和町蓑村にある神宮御料土器調製所というのが、現代の窯場である。

この付近は古くは多気郡有爾《うに》（宇仁）郷といわれ、神代の昔に高天原から埴土を移したという伝承がある。中世伊勢神道の根本教典である『倭姫命世記《やまとひめのみことせいき》』（鎌倉時代）には、「天神の教えに従って、土師物忌《はじものいみ》を定め置き、宇仁の埴をとって、天平瓮八十枚を造り、諸宮を敬い祭った」という記述がある。

宇仁の土のもとであるという高天原とは、その中心にそびえるという神話上の天香山のことを指しているのかもしれない。神話的な由来をもつ土を原料に作られた土器は、高天原を統べるアマテラスを祀る伊勢神宮の神前に捧げるのに、これ以上ないほどにふさわしいものといえるだろう。

そして、現在でも、秋の初穂を供える神宮で最も重要な祭である神嘗祭の中核をなす祭儀「由貴《ゆき》の大御饌《おおみけ》」では、内宮・外宮の正宮正殿の中央床下にある「心御柱」と呼ばれる神聖な柱に対して、天平瓮が空器のまま供進されているのだ。

すでに「柱を立てる」の項で詳しく触れたが、内宮の心御柱は、ご神体である神鏡の真下に立てられた柱で、床に達しておらず、建築構造上はまったく実用性がないものだが、一名、忌柱または天の御柱と呼ばれ、神霊の降臨する神籬《ひもろぎ》の変形とも考えられている。つまり、ある意味では、心御柱こそが神宮のご神体であるといえるのだ。天平瓮はこの「ご神体」に対して供えられるのである。

長年神宮の禰宜《ねぎ》を務めてこられた矢野憲一氏は、著書のなかで、カワラケ＝土師器の魅力をこう伝えている。


私は大神に神饌をお供えするとき、カワラケを通してなんともいえぬ感触を指から心に感じる。これは弥生時代から伝わる、温かい、やわらかい、やさしい、ほのぼのとした日本の感触である。

水分がカワラケにじんわりと吸い込むように、じんわりと暖められ、吸い込められた祖先からの心が、土器を通して現代に息づいて感覚的に伝わってくるようだ。（『伊勢神宮の衣食住』角川文庫、二〇〇八年）

カワラケは割れやすくもろいもので、神宮では、一度使ったらもう使用せずに土に返すことを原則としてきたそうだ。

古代の人々は、神々が住まうと信じられた山の土くれに、大地が秘めるエネルギー、神の霊力を感じ取っていたのだろう。そして、土を素焼きして作られた素朴で繊細な平瓮に、そうした霊力の凝縮をみていたのではないだろうか。そして、これをもって祭祀を行えば、神が嘉納し、神との感応が得られると信じていたのだろう。

さらにいえば、土器を作ることそのものが、すでに呪術とみなされていたのではあるまいか。

住吉大社の埴使は天香山の土を採取していた

このように見てくれば、住吉大社の謎めいた埴使の目的もしだいに見えてくる。

埴使は、聖なる山の霊力を秘めた土を採取し、その土から作った土器を空のまま神に捧げるという、古代祭祀の精神が色濃く反映され神事だったわけである。

しかも興味深いことに、住吉大社の埴使は、現在は畝傍山の埴土を採取しているが、本来は、天香山の土を採取していたのではないか、とも見られているのだ。

その論拠となっているのが『住吉大社神代記』である。

住吉大社の縁起書である『住吉大社神代記』は、天平三年（七三一）の奥書があるが、実際の成立は平安時代初期〜中期とする説もある。この貴重な古記録に「天平瓮を奉る本記」の項があり、次のように記されているのだ。

一、天平瓮を奉る本記

右、大神、昔皇后（引用者注・神功皇后）に誨《おし》へ奉りて詔《の》り賜はく、「我をば天香山の社の中の埴《はに》土を取り、天平瓮八十瓮《やそき》を造作《つく》りて奉斎祀《いはひまつ》れ。又覬覦《みかどかたぶく》る謀《はかりごと》あらむ時にも、此の如く斎祀《いつきまつ》らば、必ず服《まつろ》へむ」と詔り賜ふ。古海人老父《こあまのおきな》に田の蓑・笠・箕《み》を着せ、醜き者として遣《つかは》して土を取り、斯を以て大神を奉斎祀る。此れ即ち、為《い》賀《が》悉利《しりの》祝《はふり》、古海人等なり。斯に天平瓮を造る。

これを意訳すれば、次のようになる。

住吉大神が神功皇后に、「天香山の社の中の埴土を採取し、天平瓮を八十枚作って私を祀りなさい。天皇への反乱が起きても、このように祀れば、必ず敵は服従する」と告げた。そこで老人である古海人に蓑や笠、簑を着せて醜い格好をさせ、彼を遣わして天香山の土を取りに遣わし、住吉大神を祀った。このとき、使者となったのは為賀悉利（座摩《いかすり》）の祝《ほうり》と古海人たちで、こうして天平瓮が作られることになった。

これは、まさしく埴使の発祥を物語る記録にほかならない。そして、初代の埴使である古海人と為賀悉利祝が埴土を取るべきとされた山は、畝傍山ではなく天香山であるとはっきり書かれているのだ。

しかも、老父古海人に蓑や笠、簑を着せて醜い格好をさせたとあるが、これは神武天皇紀で、椎根津彦に蓑笠を着せて醜い姿に変装させたというのと、見事に符合する。すなわち、住吉大社の埴使は、『日本書紀』中の天香山の土を使った神武天皇による丹生の川上での厳呪詛を意識したものと考えられるのである。

したがって、埴使の本義とは、住吉大社を鎮祭したという神功皇后を初代天皇神武になぞらえて、王権祭祀のシンボルでもある天香山の聖なる土を採取し、土器を作って、神功皇后の守護神でもあった住吉大神に捧げ、神の加護と皇統の護持、国の安寧を願う、というものであったと推測できるだろう。

聖なる土としての「埴土」の神秘性

ところが、いつの頃から、埴土を取る山は、天香山から畝傍山へと移ってしまった。鎌倉時代にはすでに畝傍山から埴土を取っていたらしい。この変遷の理由は何であろうか。

住吉大社の宮司も務めた神道学者の真弓常忠氏は『天香山と畝火山』(学生社、一九七一年)のなかで、その理由を、大和三山を舞台とした古代豪族間の祭祀権の争いの中に探ろうとしている。しかも、住吉大社の埴使は当初から一貫して畝傍山の埴土を採取していたと論じている。その論旨は大まかに述べると、次のようになる。

天香山の埴土は皇室勢力を背景とし、畝傍山の埴土は葛城・鴨氏、さらに葛城氏につながる津守《つもり》氏を背景とする。津守氏は住吉大社の社家である。そして、津守氏は当初から畝傍山の埴土を採取して宮中祭祀にも与っていたが、蘇我氏を滅ぼして宮中祭祀を独占するようになった中臣氏が天香山の埴土の採取権をも独占したため、津守氏は宮中祭祀から遠ざかる。しかし、かつての栄光をしのび、神功皇后の伝説を用いて天香山の埴土の採取権は本来津守氏にある、ということを主張した。それが、『住吉大社神代記』の「天平瓮を奉る本記」である。

埴土の採取を古代豪族間の祭祀権の確保の問題としてとらえた点はユニークだが、しかしもっとごく単純に、埴土が採られ続けたために天香山では良質な埴土が枯渇し、そのために、天香山の近隣にあって良質の埴土があり、かつ初期王朝とのゆかりの深い畝傍山に採取場所を移した——という経緯も想定していいような気もする。

ちなみに、現在では畝傍山からは埴土がごく少量しか採れないため、これに陶土を加えて土器を作っているそうである。そしてその埴土も山中の特定の場所の、アカカシの根元からしか採取できないらしい。真弓氏は一九七一年刊の前掲書のなかでこう記している。

さて埴土であるが、山頂の某所（その位置を秘す）より採取する。古法では「榊の葉を口に含み、採取すること三掴み半」となっている。埴土は淡墨色の米粒状の団粒で、ひとつかみの中に五、六粒もあろうか。時によって多少の増減があるのも不思議である。近年はしだいに僅少になって、三掴み半では十分取ることはできない。しかも特定の位置以外で見出すことはできないのである。

住吉大社職員のある先輩は、若くして神職になったばかりの頃、他の場所にもないものかと附近を探しまわったところ、先代の大谷宮司より、「あんたは神職のくせに信仰がうすい」と、こっぴどく叱られたと述懐する。事実、他の場所で見出すことはできない。

埴土の取れる場所が限定されていて、しかもそれが「米粒状の団粒」という形状をしているというのは、興味がそそられる。

じつは、この団粒状の「埴土」については、近年、土壌学の研究者によって、昆虫の糞ではないかという分析結果が報告されている。畝傍山の埴土の正体はコガネムシ科の幼虫の糞(ペレット)ではないか、というのだ(成迫法之「天香久山と畝傍山の埴土研究」〔全地連「技術フォーラム二〇一〇」講演〕www.web-gis.jp/e-Forum/2010/049.pdf)。もし糞であれば、それは単独のままでは土器に焼くことはできないので、当然陶土を混ぜる必要が出てくるわけだ。

一方、畝傍山の山頂には焼成すると純白を呈する粘土が分布しており、これは良質の土器原料であるという。したがって、本来は山頂の土を埴土として埴使神事が行われていた可能性が考えられるという。それが、アカカシの根元の「団粒」に取って代わったのは、調った形状が醸す神秘性が、祭祀者を魅了したからではないだろうか。彼らの眼にはそれが、神が霊山に授け降ろした「聖なる土」のように映ったからではないだろうか。

畝傍山の団粒状の埴土は、飲めば瀕死の病人もたちまち生気を取り戻す高貴な薬として信じられたこともあったそうである。一種の漢方薬だろう。

実際の効能はさておき、おそらく、このような信仰も、団粒状の埴土をいっそう珍重させることにつながったであろう。

大神神社と土器の深いつながり

ここで、話を再び三輪山に戻してみよう。

三輪山あるいは大神《おおみわ》神社と、土器祭祀との関係について改めて考えてみると、その深いつながりは、「ミワ」という言葉そのものからもうかがい知ることができる。

大神神社では祭神の大物主神を、正式には倭大物主櫛瓺魂命《やまとおおものぬしくしみかたまのみこと》と呼ぶが、「櫛」は神の霊力を形容する「奇《くす》し」に通じ、「瓺」とは瓮すなわち酒を醸して入れる容器、瓶のことであるという（中山和敬『大神神社』学生社、二〇一三年）。また、『古事記』によれば、意富多多泥古の父は建甕槌命《たけみかづちのみこと》とあるが、この名前の中の甕は瓺と同義であろう。

さらにいえば、古語で「ミワ」といえば神にそなえる酒すなわち「神酒」を意味するが、これは、そもそもミワが神に供える酒を入れた瓶を指していたからだろう。三輪山の神が古来酒の神としても有名なのは周知のとおりである。

『万葉集』に、

哭沢《なきさは》の神社《もり》に神酒《みわ》すゑ禱《こ》ひ祈《の》めどわが王《おほきみ》は高日知らしぬ

という歌がある（二・二〇二）。高市皇子《たけちのみこ》の死を悼んだ歌といわれるが（「高日知らしぬ」とは、天上の世界を支配する、すなわち死去したことを表す）、この歌からは、酒を入れた甕を据えることが「マツリ」となっていたことを読み取ることができ、三輪山の素朴な古代祭祀の情景を思い浮かべることもできるだろう。

すなわち、三輪山の語源からして、土器と直結しているのである。三輪山への信仰と大神神社は、土器祭祀を土台にしているとすらいえるだろう。

そしてその土器とは、むろん、初期においては（おそらくは三輪山の埴土を用いた）土師器であったが、ある時期、おそらくは古墳時代のなかばからは、渡来系の技術の産物である須恵器に変わっていった。

記紀がほのめかす土器祭祀の変容

ここからはあくまで筆者の推測になる。

弥生時代から古墳時代のはじめにかけて、三輪山周辺では弥生式土器あるいは素焼きの土師器、『古事記』風にいえば「天の八十びらか」を用いた祭祀が盛んに行われていた。

それは具体的にはどのような祭祀であったろうか。筆者には、器がただ神饌や神酒を盛って神に捧げるためにばかり用いられたとは思えない。先に記したように、土器を作ることそのものがある種の呪術であったと考えられるからだ。土器祭祀の本質は、ここに存するのではないだろうか。

そしてまた、壺や瓶のような形状の土器に対しては、その空洞の中に精霊が宿る、あるいは降臨するというような信仰も、古代人のあいだには存在していたのではないだろうか。つまり、一種の磐座《いわくら》である。『播磨国風土記』には丹波と播磨の国境に大甕を埋めて境としたという話があり、また『古事記』の孝霊天皇の段には播磨の氷川の岬に甕を据えて吉備国への道の入り口としたという話があるが、これらは、土の中に半分埋めた空っぽの甕の中に土地の神霊を招いて祀るという一種の呪術ではなかっただろうか。

だからこそ、『万葉集』にあるように、「土器《ミワ》を据える」という行為がマツリとなりえたのである。

『万葉集』には、巻二・二〇二の他にも、「奥山の　賢《さか》の枝に　白香《しらか》著《つ》け　木綿《ゆふ》とりつけて　斎瓫《いはひべ》を　斎《いは》ひ堀《ほ》り据《す》ゑ……」（巻三・三七九）、「斎瓫《いはひべ》を　斎《いは》ひ堀《ほ》り据《す》ゑ竹玉《たかだま》を間もなく貫き垂れ　天地《あめつち》の　神をぞ我が祈《こ》ふ……」（巻十三・三二八八）など、斎瓫（厳瓫）を用いた原初的な土器祭祀の様を想像させるような和歌が収録されている。

しかし、その素朴なマツリは、いつしか神に供物を奉って祈りを捧げる神事と解されるようになり、器には神饌や神酒が盛られるようになった。とくに、神憑かりにも似た「酔い」をもたらす酒は瓶に入れて醸されることから、土器よりも土器の中の酒が霊水として神聖視されるようになり、ミワといえば瓶（土器）よりも神酒を指し、神酒が神への幣物として重要視されるようになっていった。

ところが、このような土器祭祀が、古墳時代のなかばまでに何らかの理由で途絶えてしまった。権力や土地をめぐる争乱がその理由かもしれない。あるいは、三輪山から良質な埴土を採取することが困難になったからかもしれない。

そこへ、渡来系の技術をもった一族（あるいは渡来人）が現れて三輪山周辺に定住した。そして、今度は須恵器を用いた祭祀を開始した。

記紀に記された崇神天皇による「天の八十びらか」を用いた大物主神にからんだマツリの顛末には、このような経緯が寓意的に表現されているのではないだろうか。

新嘗祭の古型で用いられた厳瓮

最後に、神武紀の丹生の川上の祭祀の場面を改めて振り返ってみたい。

神武紀によれば、丹生の川上で厳瓮を作って天神地祇を祀り、さらに榊を立てて諸神を祀り、顕斎をしてタカミムスヒの神霊を降臨させた神武天皇は、道臣命《みちのおみのみこと》に向かって「汝を用《も》て斎主《いはひのうし》として、授くるに厳媛《いつひめ》の号《な》を以《も》てせむ。其の置ける埴瓮《はにへ》を名《なづ》けて、厳瓮《いつへ》とす。又火の名をば厳香来雷《いつのかぐつち》とす。水の名をば厳罔象女《いつのみつはのめ》とす。粮《くらひもの》の名をば厳稲魂女《いつのうかのめ》とす。薪《たきぎ》の名をば厳山雷《いつのやまつち》とす。草の名のば厳野椎《いつののづち》とす」と命じ、さらに次のような記述が続く。

冬十月の癸巳《みづのとみ》の朔《ついたちのひ》に、天皇、其の厳瓮の粮《おもの》を嘗《たてまつ》りたまひ、兵を勒《ととの》へて出でたまふ。

この場面については、原始的な新嘗《にいなめ》（新嘗祭の古型）の様子を表現したものであるという見方がある（肥後和男「古代伝承と新嘗」）。

祭主である天皇はみずからタカミムスヒとなり、道臣命がこれに奉仕する斎女を務め、忌火と聖なる水で大御食《みけ》（粮）を炊き、これを聖なるウカノメ（稲魂の女神）と名づけ、厳瓮に盛り、これを儀礼的に供食したのだろう、というのである。

つまり、新嘗祭の古型において、厳瓮があえてクローズアップされていたとすれば、それは原初の呪術的な土器祭祀の名残りと考えることができよう。

王権祭祀の土台に、土器はしっかりと据えられていたのである。

古代呪術と王権祭祀――むすびに代えて

律令と『古事記』『日本書紀』

天武・持統天皇の企図にかかる『古事記』と『日本書紀』の編纂と成立は、七世紀後半の天武・持統朝によって整備された律令制度の進展と軌を一にしている。

飛鳥時代の中央王権は、律令制という中国王朝の権力システムを導入して、律令国家の構築をめざした。記紀の編纂は、その構築を補強するものであり、同時に基本法典である律令の制定と施行は国家の神話と歴史を記した記紀の権威を補完するものであった。記紀と律令は、相互に補完しあう関係にあった。古代、神話と法律は、よく親和していたのである。

現存最古の日本の律令は養老二年（七一八）撰の『養老律令』だが（厳密にいうと、律令本文がそのまま現存しているわけではないが、諸文献に引用されたものから全体がほぼ復原されている）、このうちの令三十篇の中の一篇に「神祇令《じんぎりょう》」がある。これは、神祇信仰にもとづく公的祭祀の基本を定めたもので、祈年祭、大祓などの祭祀の他に、天皇の即位儀礼についても規定している。その本文の冒頭は、こうである。

凡そ天神地祇は、神祇官、皆、常の典《のり》に依りて祭れ。

神祇官とは、全国の神社と祭祀を統制した、朝廷に置かれた官庁で、太政官と並ぶ権威をもった。

ところで、『養老律令』に先行する律令に、大宝元年（七〇一）までに藤原不比等らによって撰修された『大宝律令』があるが、これは散逸し、現存しない。しかし、その内容は、『養老律令』とさほど差異がなかっただろうと考えられている。日本の律令制は、この『大宝律令』の成立によって完成したといわれる。

さらに、『大宝律令』に先行するものとして、これも現存しないが、『飛鳥浄御原令《きよみはら》』がある（律は存在しなかったとみられている）。天武・持統の命令によって制定されたもので、夫天武の没後、持統天皇が持統三年（六八九）に諸司に配布した。

飛鳥京跡の遺構。天武・持統天皇の宮殿である飛鳥浄御原宮もこの場所にあったと考えられている（奈良県明日香村）。

そして、「神祇令」は、この『飛鳥浄御原令』にすでに存在していた可能性が高いといわれている（岡田莊司編『日本神道史』吉川弘文館、二〇一〇年）。律令的な神祇祭祀は天武朝において構想され、持統朝においてすでに整備されていたと考えられるのだ。

即位儀礼を欠く中国の「祠令」

しかし、『養老律令』も「神祇令」も、日本が独自に立法したものではない。日本の律令は、唐のそれを模倣したものであり、「神祇令」は、唐の祭祀を規定した、唐令のなかの「祠《し》令《れい》」を参考にして作成されたものなのである。

しかし、「祠令」と「神祇令」を比較した場合、斎の禁忌や期間の規定や、祭祀の管理と運営の規定などではたしかに類似し、共通する部分があるが、その反面、じつは相違点も少なくない。

たとえば、マツリの区別である。「祠令」では、天神を祭ることを「祀」、地祇を祭ることを「祭」、宗廟（祖先の霊魂）を祭ることを「享《きょう》」と呼んで区別している。中国において、天神とは、昊天上帝・五方上帝、日・月、星辰など、天にある神、地祇とは、皇地祇、神州地祇、社稷、山岳、海河のような地にある神をさす。しかし、日本の「神祇令」にはこのような区別はなく、すべて「祭」に統一されている。これは、日本の神々を、天神、地祇、祖霊に明確に弁別することが難しいと考えられたからだろう。

具体的な祭祀についても大きな違いがある。「神祇令」では、恒例祭祀として祈年祭以下、十四種の祭祀が挙げられているが、このなかに「祠令」と対応するものを見出すことはできない。かろうじて、「祠令」における正月上巳の「祈穀」が、「神祇令」における、その年の豊作を天神地祇に祈念する祈年祭のモデルとみられる程度である。

さらに決定的な違いがある。

それは、「神祇令」には天皇の即位儀礼の規定があるのに対し、「祠令」は皇帝の即位儀礼に関する記事を全く欠いている点である。

これは、なぜだろうか。

そこで、まず中国の即位儀礼を歴史的に検証してみると、次のように整理することができる（以下、井上光貞『日本古代の王権と祭祀』〔東京大学出版会、一九八四年〕による）。

○中国の即位儀礼は、①新王朝を建設した創業の君主が新王朝の皇帝に就く場合と、②同一王朝内における帝位継承の場合の、二つのケースに大別される。
○①のケースについてみると、たとえば後漢の創設者光武帝は、建武元年（西暦二五）、祀壇を築いて燔燎《はんりょう》告天（かがり火をたいて昊天上帝に祝文を告げる）の儀式を行っている。ここには、天命思想にみあうような、上帝からの授命による神聖な権威の獲得が表現されているとみることができる。
○②では、漢代の場合、つぎの二つを主な内容とする。Ⓐ柩前即位の儀礼…先帝の柩の前で策文を奉読し、璽綬を奉呈する。Ⓑ高廟親謁の儀礼…新帝が玉璽伝授によって帝位を得たことを高祖の霊位に報告し、その承認を得る。

そして、『日本古代の王権と祭祀』によれば、「この指摘は、直接的には、漢代の即位儀礼に関してであるが、この主張の限りでは、原則上、唐代もまた同じ」であるという。

また、松前健は、唐の即位式について、「『大唐開元礼』や『通典』などを見ると、先帝の柩の前で、皇太子が玉璽などの印璽を受けて衣服を着かえて登場すると、侍臣が万歳を唱するというような簡単な事務引継をやるだけで終わり」だと記している（『日本の神話と古代信仰』）。

さて、新王朝が開始される①の即位儀礼では、祭祀が行われていて、そこに呪術性・宗教性を強く認めることができる。しかし、王朝内で帝位が継承される②の即位儀礼では、呪術性・宗教性は薄く、天神地祇に対する祭祀としての要素も薄い。中国の皇帝は、世界の大帝国の王者でありながら、大掛かりな就任儀礼、即位の大典が存しないのである。

ここに、「祠令」が即位儀礼を欠く理由を見出すことができる。

つまり、唐の「祠令」は、当然、同一王朝内の帝位継承を前提として、つまり②を想定して編まれたものであり、したがって、その祭祀を規定する「祠令」の制定者は、祭祀性の薄い②の即位儀礼をあえて記す必要を感じなかったと考えられるのである。

即位儀と大嘗祭からなる日本の即位儀礼

では、一方の日本の即位儀礼についてはどうであろうか。

「神祇令」の定める即位儀礼は、次の通りである（『日本古代の王権と祭祀』収録の「補論 神祇令注釈と補注」による）。

十　凡そ天皇即位したまはむときは惣《す》べて天神地祇祭れ。散斎《さんさい》一月、致斎《ちさい》三日。其れ大《おほ》幣《みてぐら》は、三月の内に、修理《しゆり》し訖《を》へしめよ。

十三　凡そ践祚《せんそ》の日には、中臣、天神の寿詞《よごと》奏せよ。忌部《いむべ》、神璽《しんじ》の鏡剣《かがみたち》上《たてまつ》れ。

十四　凡そ大嘗《おほむべ》は、世毎《よごと》に一年、国司《こくし》事行《ことおこな》へ。以外は、年毎に所司《しよし》事行へ。

整理すると、古代の即位儀礼は、神璽が授与される即位儀（践祚の義）と、天皇即位後の最初の「新嘗祭」である大嘗祭（後の践祚大嘗祭）の二本立てが原則となっている。

中国の王朝内で帝位継承される場合の即位儀礼と比較してみると、日本側の神璽が授与される即位儀は、中国の「柩前即位の儀礼」に類似し、さほど呪術性・宗教性をみとめることができない。一方の大嘗祭は、中国の即位儀礼にはまったくみられないもので、しかもこれはそもそも収穫祭（新嘗祭）に淵源をもつものである。つまり、明白に「祭祀」であり、「神祇令」が規定すべきものなのである。

前掲書は「私はここに、令の制定者が、即位儀礼を一括して神祇令の中に規定してあやしまなかった理由、少なくとも一つの、かなり重要な動機があったとおもうのである」と記している。

「神祇令」には、日本の即位儀礼がもつ呪術性が反映されている、と言い換えてもよいだろう。

なお、『養老令』では、「新嘗祭」も「大嘗祭」もともに「大嘗」と同じ名称で呼ばれていて、「世毎」の大嘗が今日でいう「大嘗祭」、「年毎」の大嘗が「新嘗祭」にあたる。このように大嘗祭と新嘗祭の区別が明確ではないのは、古来の「大嘗」(毎年秋に行われる宮廷の収穫祭)から、収穫祭としての「新嘗祭」と、即位儀礼としての「大嘗祭」が分化したのが比較的新しいことを物語っているといわれる(岡田精司編『大嘗祭と新嘗』解説)。岡田氏によれば、即位儀礼としての大嘗祭のはじめは、『飛鳥浄御原令』が制定された、持統朝のことであるという。ちなみに、『日本書紀』の持統天皇五年十一月条には「大嘗《おほにへ》す。神祇伯中臣朝臣大嶋、天神《あまつかみの》寿詞《よごと》を読む」とある。

大嘗祭と律令制の整備は、パラレルな関係にあったといえよう。

易姓革命と万世一系の違い

中国と日本の即位儀礼の相違は、そもそも君主の正当性の根拠の違いに起因していると考えられる。

王朝交替が繰り返されてきた中国では、皇帝が皇帝たる所以は、天帝から受命し（天命）、そのことによって「天子」となり、天と擬制的な父子関係を結ぶことに求められる。天帝が、特別な能力（徳）を持った人間を選び出し、彼を皇帝に任じるのであり、その際、皇帝となる人物は、特定の家の出身者であることは求められない。

そして、王朝にはそれぞれ一家の姓があり、皇帝が徳を失い、天子としての資格を失うと、新王朝によって廃され、天命が革《あらたま》り、姓も変わる。これが易姓革命の原理である。すなわち、新王朝が起これば、当然皇帝の血統も変わるわけで、神話上でも神々の間の血縁（親子）関係は重視されていない。たとえば、伏羲《ふっき》、神農、黄帝といった中国の神話的な帝王のあいだには、とくに血のつながりは設定されていない。

一方、日本の場合は、王朝交替を伴わない、天皇家による親子もしくは血族間による皇位の継承が連綿と続いてきたとされている。いわゆる万世一系である。こうした考えは神話にも当然反映されていて、イザナキ・イザナミに発し、アマテラス、アメノオシホミミ、ニニギ、ヒコホホデミ、ウガヤフキアエズ、神武と続く系譜は、親子関係によって結ばれているのだ。

言い換えれば、日本は、神の子孫すなわち「天孫」が国を統治することで、中国との差別化を図ったということにもなるわけで、そのために、皇祖神たる天照大神が案出され、天皇はその子孫として見なされることになったのである。

その神から続く系譜を書き記したのが、『古事記』であり、『日本書紀』であった。

そして、天皇が神の裔であることを自覚し、かつ他の氏族や豪族たちにそれを認知させるためには、その即位儀礼は、天皇と祖神のつながりを確認・更新し、さらには新天皇に神性を付与し、天皇のカリスマ性を強化するような性格をもつもの、要するに、ある種シャーマニズム的な降神儀礼、あるいは神秘的な儀礼、秘儀であることが求められた。たんなる事務引継のような形式のものであってはならなかったのである。

そもそも、紀元前三世紀の始皇帝の秦朝に起源をもつ律令は、専制政治を行う皇帝が、効率よく官僚や民衆を支配するための法制として発展してきたものであった。だが、神々の権威によって天皇が国を統治するという形式をとる日本においては、その実情に合わせて、神祇令も含めた律令にさまざまな修正を施すことが必要であったのである。

こうしたことを背景として形成されたのが大嘗祭なのである。大嘗祭は、新天皇が祖神から宗教的承認を受けるために、即位儀とは別個に立てられた、いうなれば呪術的即位儀礼なのであり、ここに天皇の本質があるといえる。

大嘗祭と天孫降臨神話

このような特性をもつ即位儀礼を、その中核が形成された飛鳥~奈良時代という視野から見た場合、その儀礼の中に、同時代的に形成された『古事記』『日本書紀』とのつながりを認めることができる。

具体的にいうと、記紀は、神裔としての天皇の系譜を明示するだけでなく、即位儀礼の神秘化・呪術化をはかるうえで、重要な役割をはたしていると考えられるのである。

そうした役割のひとつは、よく知られているように、記紀神話に大嘗祭の由来譚が含まれこの秘祭のモチーフになっているという点である。その神話とは、天孫降臨神話である。

皇祖神アマテラスの命を受けて地上世界に降臨する天孫ニニギは、『古事記』でのフルネームを「天邇岐志国邇岐志天津日高日子番能邇邇芸命《あめにぎしくににぎしあまつひこひこほのににぎのみこと》」という。「ニギシ」は天地が栄えてにぎわう様を表し、「ホノニニギ」は稲穂の豊穣を意味する。すなわち、天孫降臨は、ニニギに象徴される稲の神霊が田の稲穂に降下し、豊穣に実る様を表現していると解釈することができる。

一方、大嘗祭の概略を記すと、天皇即位ののち、悠紀《ゆき》・主基《すき》地方の斎田が卜定される。大嘗宮の悠紀殿（東の神殿）と主基殿（西の神殿）に献供する新穀を収穫する国郡を亀卜によって決定するのである。抜穂された新穀は都に運ばれ、十一月の下卯の日に、大極殿の南庭に仮設された大嘗宮で、厳正な斎戒をした天皇がみずからこれを神饌として献じ、自身も食する。神事ののち大規模な饗宴（大饗）が行われ、久米舞、五節舞など（国風歌舞《くにぶりのうたまい》）が演じられる。

では、天皇が神饌を献じる具体的な対象、すなわち大嘗祭の祭神はなにかというと、『延喜式』には明記されておらず、じつははっきりしていない。中世以降は、皇祖神アマテラスであるということが定説化したが、異説もある。たとえば松前健は、大嘗祭の祭神は、御《み》膳《かしわで》八神（天皇の大御食を調える大膳職に祭る神）、あるいはその祖型にあたる生成の神としてのタカミムスヒと稲の神であるミケツカミではなかったか、と論じている（「大嘗祭と記紀神話」）。タカミムスヒは、『古事記』の神統譜では、ニニギの母方の祖父にあたる神である。

祭神の問題はあるが、稲の神霊としての天孫かつ皇祖であるニニギの降臨神話は、稲の神霊が悠紀・主基の斎田に降下し、それを皇孫たる新天皇が祀って食すという大嘗祭と基本的モチーフが共通しており、神話が即位祭祀の縁起譚のひとつを形成していると解することができるのである。

また、『日本書紀』神代の天孫降臨段の本文に「時に、高皇産霊尊《たかみむすひのみこと》、真床追衾《まとこおふふすま》を以て、皇孫《すめみま》天津彦彦火瓊瓊杵尊《あまつひこひこほのににぎのみこと》に覆《おほ》ひて、降《あまくだ》りまさしむ」とあり、これは、貴人が坐ったり寝たりする床を覆う衾（夜具）で嬰児であるニニギをくるむことを言い表しているとされる。これに関連して、折口信夫が、大嘗祭の大嘗宮内にもうけられた神座（寝座）に敷かれる衾は真床追衾にあたるものであり、真床追衾にくるまれたニニギにならって、新天皇はこれを物忌のためにかぶって、聖化のために使用したのだと論じたことは、よく知られている。つまり、天孫降臨神話は、天皇が天皇霊を神体に入れるための臥床の秘儀を反映しているというのである。

だが、この折口の見方に対しては、神座はあくまでも神の座であって、天皇が神座を寝床とした事実はなく、折口説は大嘗祭の核心をいたずらに神秘的に見ようとするものだとする鋭い批判もあり（岡田莊司氏ほか）、近年では見直しを迫られているようである。

大嘗祭に収斂された古代呪術

記紀神話は、天孫降臨神話とはまた別のレベルで、呪術的な性格を持つ大嘗祭、あるいは天皇の即位儀礼に深い影響を与えている。

大嘗祭には、呪術的な儀礼が、そこかしこに散りばめられている。

それは、本書で触れてきたことでいえば、たとえば、特殊な呪能が期待された隼人の吠声や歌舞であり、大嘗宮での天の羽衣（呪具ヒレのバリエーション）をまとっての沐浴（禊）であり、鑽り火による神饌の調理である。

大嘗祭の斎院の竹棚の上に設けられた八神の神座には、おそらく神木が立てられたであろうと神話学者の松前健は述べているが（「大嘗祭と記紀神話」）、これは御柱を立てて神の降臨を願うという古代呪術に淵源するものであろう。八神の一柱であるタカミムスヒは『古事記』では高木神という異名で登場するが、この異称は、この神が、御柱の神格化でもあることを想像させる。

また、平安時代、大嘗祭とは別に、即位儀礼のひとつを占めたと考えられる八十島祭では禊とタマフリが行われていた。古代呪術の基本ともいえる鎮魂祭は十一月の寅日に行われたが、その翌日の卯日は、大嘗祭あるいは新嘗祭の期日であり、鎮魂祭と大嘗祭・新嘗祭は連環しているとみるべきであろう。

これら、天皇の即位儀礼に伏在する呪術的要素は、これまで記してきたように、『古事記』

あるいは『日本書紀』にその祖型や古型を見出すことができるものばかりである。

ここで翻って考えると、記紀に描かれた呪術は、必ずしも宮廷や天皇家に由来するものばかりとは考えられない。むしろ、それらの多くは、隼人のそれのように、日本各地の氏族のあいだで生まれ、伝承されてきたものとみるべきだろう。

古代の大嘗祭では、諸国の語部《かたりべ》が参集し、古詞を奏した。『延喜式』の「践祚大嘗祭」には、「語部は美濃に八人、丹波に二人、丹後に二人、但馬に七人、因幡に三人、出雲に四人、淡路に二人」とある。奏された古詞が何であったかを示す史料は残っていないが、それが歌謡を含んだ語言《かたりごと》であったであろうことは、推測できる。それを『古事記』の原型でもありうるような、古伝承・神話と考えることも可能だろうが、語言において重要なのは、「語る」ことによって生じる言霊の力であり、神話を語ること自体がひとつの呪法であった。大嘗祭での古詞の奏上は、諸国の氏族に由来する言霊の力によって行う鎮魂的な呪術であったのではないだろうか。そしてまた、『古事記』を、幾多の語り部たちの語言をもとに編まれたものと考えるならば、そこに記された神話・伝承そのものが、さまざまな氏族の語り部たちの言霊の集成であり、呪力の集約であるともいえようか。

以下は、ひとつの仮説的な見方である。

天皇家（大王家）は、有力豪族を束ねてヤマト王権を形成してゆく過程で、各氏族が奉じる神々すなわち氏神を自分たちに伝承される神話や神統譜に取り込み、文字化された神話の中では、そうした本来外部に属する神々が、皇祖神に従属する神々として描かれることになった。そしてまた同時に、ヤマト王権は各氏族が伝承する呪術をも取り込み、それらを神話のなかに叙述していった。

さらにそうした呪術は、神話を乗り越えて王権祭祀のなかに吸収され、最終的には天皇祭祀の本質たる大嘗祭に収斂されていった。もちろん、鎮魂などの代表的な古代呪術が当初から大嘗祭の中核部分を占めていたことや、呪術が祭祀に取り込まれ、それがさらに『古事記』や『日本書紀』に書き留められるにいたったケースも想定できるであろう。だが、いずれにしても、大嘗祭が新嘗祭から分離し独立した祭祀として成立したのは、『古事記』の編纂時期とほぼ重なる、天武・持統朝であることは、『古事記』神話の形成と大嘗祭の形成が密接な影響関係にあることを十二分に予想させる。そして、明文化された神話は、現実に、祭祀儀礼の起源と由来を語るものとして読み継がれたともみられるのである。

すなわち、神話に描かれた呪術は、王権祭祀の典拠となると同時に、そしてまた王権を強化する呪術として成長を遂げていったのである。

『古事記』は、八世紀初頭に成立後、そのしばらく後に同様の神話を含んで完成して日本の正史となった『日本書紀』と違って、広く受容されることがなく、平安時代なかば以降は、宮中に埋もれてあまり顧みられなくなってしまったといわれる。

だがしかし、天皇の権威の超越性を保証する『古事記』神話の内容は、「呪術」という形で、王権祭祀のただなかで継承されていったのである。

古事記と王権の呪術

 著者 古川順弘

2015年11月2日 第1刷発行

発行所 (有)コスモス・ライブラリー
発行者 大野純一
〒113-0033 東京都文京区本郷3-23-5 ハイシティ本郷204
電話：03-3813-8726 Fax：03-5684-8705
郵便振替：00110-1-112214
E-mail：kosmos-aeon@tcn-catv.ne.jp
http://www.kosmos-lby.com/
装幀 蛋野三郎
発売所 (株)星雲社
〒112-0012 東京都文京区大塚3-21-10
電話：03-3947-1021 Fax：03-3947-1617
印刷／製本 シナノ印刷(株)
ISBN978-4-434-21288-8 C0014
定価はカバー等に表示してあります。

近藤千雄著

『日本人の心のふるさと《かんながら》と近代の霊魂学《スピリチュアリズム》』

高校時代にスピリチュアリズムを知り、その後『シルバーバーチの霊訓』や『ベールの彼方の生活』などスピリチュアリズム関連書を多数翻訳紹介してきた著者が、《古神道》の真髄にスピリチュアリズムの観点から迫った労作。

《本書の内容》
序章　日本人および日本文化の源流　第一章　《かんながら》の思想の真髄　第二章　浅野和三郎の『龍神遠祖説』
第三章　《かんながら》の表象としての神社　第四章　《かんながら》の歴史的変遷
第五章　日本人の脳の特殊性と言霊　第六章　死後の世界観を塗り変えたスピリチュアリズム
第七章　「現代の啓示」の受信者たち
第八章　人間の霊的構成と死後の階層　第九章　日本的な、あまりに日本人的な霊現象
第十章　稀代の霊的治療家　ハリー・エドワーズ　第十一章　スピリチュアルな旅としての人生
グローバル化が進む霊界組織――あとがきに代えて

〈2000円＋税〉

近藤千雄著

『シルバーバーチに最敬礼――霊言集を完訳した今、「謎」と「なぜ？」を取っておきの資料と文献で検証する』

霊言集を完訳した今、「謎」と「なぜ？」を取っておきの資料と文献で検証する。
これまで『シルバーバーチの霊訓』や『ベールの彼方の生活』などスピリチュアリズム関連書を多数翻訳紹介してきた著者が、その過程で抱いた疑問に答えるために書き下ろした、ファン待望の書。

■シルバーバーチ自身は何者だったのだろうか。
■なぜ今世紀になって出現したのだろうか。
■キリスト教を諸悪の根源のように批判しているが、その根拠は何なのだろうか。
■イエスは本当に磔刑にされたのだろうか。等々……

本書は、シルバーバーチ・シリーズを完訳した今、そうした謎めいたことや「なぜ?」と疑義を挟みたくなることを拾い上げて、可能な限りの資料を駆使してそれらを解明することにより、訳者としての責任を果たしたいという願望から出た企画である。《著者》

《本書の内容》
第1部　交霊会にまつわる「謎」と「なぜ?」
第2部　なぜキリスト教を諸悪の根源のように言うのか?
第3部　資料・文献集

〈1800円＋税〉

三沢直子著

『〝則天去私〟という生き方――心理学からスピリチュアリズムへ』

〝意味ある人生〟をどう生きるか。
最終的に訪れる〝死〟をどう受け止めるか。
それは科学の問題ではなく、哲学・宗教の問題である。
限界に突き当たった心理カウンセラーが、
自らの体験を通して語る魂への提言。

著者はこれまで二十数年館にわたり、精神病院、神経科クリニック、企業の総合病院神経科などにおいて、心理療法、心理検査を担当。母親相談や母親講座をはじめとする子育て支援活動、保育士・児童館職員・教師など、子どもに関わる人々の研修などに携わってきた。

その著者の関心が一転して、なぜスピリチュアリズムへと向かったのか?　その経緯が子育て支援での様々な体験を軸に感動的に述べられているだけでなく、本題のスピリチュアリズムについても力強い筆致で簡潔にわかりやすくまとめてあり、優れた入門書にもなっている。

《本書の内容》
第一章　曲がり角　第二章　混迷　第三章　新たなる出発　第四章　心と体と魂と
第五章　スピリチュアリズムとは　第六章　スピリチュアリズムにおける訓え
第七章　スピリチュアリズムの日本的なあり方　第八章　エピローグ

〈1500円＋税〉

「コスモス・ライブラリー」のめざすもの

古代ギリシャのピュタゴラス学派にとって〈コスモス Kosmos〉とは、現代人が思い浮かべるようなたんなる物理的宇宙（cosmos）ではなく、物質から心および神にまで至る存在の全領域が豊かに織り込まれた〈全体〉を意味していた。が、物質還元主義の科学とそれが生み出した技術と対応した産業主義の急速な発達とともに、もっぱら五官に隷属するものだけが重視され、人間のかけがえのない一半を形づくる精神界は悲惨なまでに忘却されようとしている。しかし、自然の無限の浄化力と無尽蔵の資源という、ありえない仮定の上に営まれてきた産業主義は、いま社会主義経済も自由主義経済もともに、当然ながら深刻な環境破壊と精神・心の荒廃というつけを負わされ、それを克服する本当の意味で「持続可能な」社会のビジョンを提示できぬまま、立ちすくんでいるかに見える。

環境問題だけをとっても、真の解決には、科学技術的な取組みだけではなく、それを内面から支える新たな環境倫理の確立が急務であり、それには、環境・自然と人間との深い一体感、環境を破壊することは自分自身を破壊することにほかならないことを、観念ではなく実感として把握しうる精神性、真の宗教性、さらに言えば〈霊性〉が不可欠である。が、そうした深い内面的変容は、これまでごく限られた宗教者、覚者、賢者たちにおいて実現されるにとどまり、また文化や宗教の枠に阻まれて、人類全体の進路を決める大きな潮流をなすには至っていない。

「コスモス・ライブラリー」の創設には、東西・新旧の知恵の書の紹介を通じて、失われた〈コスモス〉の自覚を回復したい、様々な英知の合流した大きな潮流の形成に寄与したいという切実な願いがこめられている。そのような思いの実現は、いうまでもなく心ある読者の幅広い支援なしにはありえない。来るべき世紀に向け、破壊と暗黒ではなく、英知と洞察と深い慈愛に満ちた世界が実現されることを願って、「コスモス・ライブラリー」は読者と共に歩み続けたい。